文化與文創

漢寶德——著

目次

第一章
以設計型思考分析文創

近來媒體上最流行的字眼是「文創」，什麼是文創？好像這個掛在大家口頭上的字眼是人人熟知的。真的是這樣嗎？事實是，這個字眼已經成為口頭語了，可是對它的真正意思卻未必理解。

大家約略知道文創是一種產業。這是因為近十年來，臺灣的經濟太悶了，朝野上下又想不出什麼好辦法。如果能把文化發展為一種可以賺錢的事業豈不是大快人心？我們是最喜歡談文化的民族，對於五千年的歷史文化向來是自傲的。如果能夠把文化改為一種生意經，豈不是既滿足了我們的自尊心，又可以解決經濟的困局？把我們自豪的文化當成一種經濟力量，是多麼令人高興而期待的事啊！

我們必須承認，自從發明了「文創」這個字眼之後，熱心文化的朋友們就興奮起來，逐漸與真正的文化分家了。文化界因此分為明顯的兩派：一是傳統的文化人，一是前衛的文創人。

傳統派在心底裡恨文創，認為這是商業掛帥時代的產物，否認其產品是文化。只是時代變了，當今的世界一切向錢看，傳統的老人家如我怎敢再表示什麼意見呢？面對前衛的力量，只好低頭而默然少語了。大家都知道，政府支持文創的態度已經很明顯了，連經費都向產業方面傾斜，我們還能說什麼呢？

前衛的文創派認為自己是時代的寵兒，對於老派的文化工作者原是不屑一顧的，只是給他們留個面子，表示起碼的尊重而已。有趣的是，在政府公布的《文化創意產業發展法》裡，把傳統的各種藝文項目都列進去了，好像正式宣布，不必再爭了，過去的文化就是今天的文創，你們這些食古不化的老先生換個眼光來看文化界吧！

我承認自己有點古板，但是我向來不讓自己落伍，被拋棄在時代的後面。可是在我勉力接受前衛觀念之前，習慣上使用「設計型思考」來加以分析，弄清楚歷史與時代發展的來龍去脈，以便在接受新觀念時，不會人云亦云。在我思考這個問題的時候，忽然覺得我思考的歷程也許對喜歡文化評論的朋友們有些幫助，因此就把它們以非常口語的方式寫出來，供大家參考。

「文創」模糊了「產業」

在深入分析文化與文創之前，大家先要知道「文創」這個名詞的由來。說來也許你不相信，「文創」似乎是臺灣的發明，後來為大陸所因襲。當初是誰創造的？可以自政府的文獻中查出來。我為什麼這樣說呢？因為把「文化」與「產業」聯結起來的觀念是先進國家的發明。直到今天，歐洲各國仍然稱之為「文化產業」。在二十世紀中葉以前，它是負面的字眼，到了晚近，時代進入富裕的後現代，其負面性就減少了。

在二十世紀末的經濟快速成長時期，英國人忽然覺得應該成立文化部了。他們向來不主張政府干涉民間文化事務，為什麼改了主意呢？因為他們看到「文化是一門好生意」，政府不管怎麼可以呢？可是他們實在不習慣干預文化，就改用「創意」這兩個字，把歐洲習用的「文化產業」改為「創意產業」。這真是偷巧的好辦法，改了名字不改內容，甚至可以包括更寬廣的內容。因為「創意」比起「文化」來，其意義要廣大得多了。當然了，他們只包含文化業務涉及的創意，表列出來，已經有十幾項之多，我們的文創條例中的大多數項目就是照抄英國人的。

說到這裡我們可以知道，世上有「文化產業」，這是歐洲各國通用的；有「創意產業」，這是英國人所用的。我們的稱呼怎麼來的？是自英國來的。一方面，由於語言的關係，英國的文獻對我們比較容易接受，另一方面，英國的辦法是新創的，似乎可以代表時代的需要。

英國最初提出的十三個創意產業核心項目是：廣告、建築、藝術和古董市場、工藝、設計、時尚、電影和錄影帶、電視與廣播、互動休閒軟體、軟體與數位服務、音樂、表演藝術、印刷。

我國目前表列的十六個文化創意核心項目是：視覺藝術、音樂與表演藝術、文化資產應用及展演設施、工藝、電影、廣播電視、出版、廣告、產品設計、視覺傳達設計、設計品牌時尚、建築設計、創意生活、數位內容、流行音樂及文化內容、其他經中央主管機關指定。

	英國	臺灣
雷同項目	廣告	廣告
	印刷	出版
	電視與廣播	廣播電視
	電影和錄影帶	電影
	工藝	工藝
	建築	建築設計
	音樂、表演藝術	音樂與表演藝術
	時尚	設計品牌時尚
	設計	產品設計
	互動休閒軟體、 軟體與數位服務	數位內容
特有項目	藝術和古董市場	創意生活 視覺藝術 視覺傳達設計 文化資產應用及展演設施 流行音樂及文化內容 其他經中央主管機關指定

表一 英國創意產業與臺灣文化創意產業項目比較表

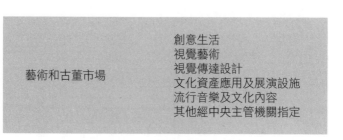

可是「創意」產業還是無法使我們感到舒服，因為我們經常隨意使用「創意」這個詞彙，實在很難把它等同於「文化」。所以在我們政府的文化官員打算把這套新辦法引進我們的國家時，就在「創意」的前面加了「文化」二字，以明確的說明這裡所說的創意是指「文化中的創意」，這樣就萬無一失了。

當時的官員有此聰明的決定，「文創」自此就成為流行的字眼了。我們是一個玩弄文字的民族，有了這個字眼，使用起來感覺非常舒服，特別是為以前我們不願意談的一些作為，戴上了華美的冠冕，樣樣都有了堂皇的外貌，可以大肆宣傳，成為文化界的尖兵了。有趣的是，使用「文創」，可以免去「產業」二字，而大家都知道，文創就是要用文化賺錢的意思。可是也正因為這樣，這個名詞的真正含意就更加模糊不清了。

先說清楚什麼是「文化」

既然「文創」是文化創意，要真明白其含意，就非要先弄清楚文化的定義。我的天！這可就麻煩了。誰知道文化是什麼呢？

我所知道的文化有兩種意涵，一是狹義，一是廣義。狹義的文化指的就是藝術。對東方人來說，當然也指文學等。其實西方人也是這樣看的。最好的例子就是美國政府的「國家文化基金會」（National Cultural Foundation）。美國人不要文化部，所以這個基金會是為了補助文化活動而設立，就代表他們對文化的解釋了。在基金會裡面設立了兩個補助部門，其中一個是為了藝術（Endowment of Arts），另一個是為了人文（Endowment of Humanities）。前者當然是指一切創作類的藝術，包括建築在內；後者則包括文學及歷史、哲學等。這就表示在美國人看來，要為文化下定義，只有藝術是不夠的。這是一種較寬鬆的狹義解釋。

其實這種文化觀，是知識界的、上層社會的看法，多少帶點文雅生活的意思。歐洲人把文化解釋為藝術，是因為他們自古以來，藝術就非常發達，特別是在視覺藝術方面，建築、雕刻、繪畫幾為一體，呈現在廣大民眾面前，所以把文化視為生活中雅致的一部分，是可以為大家所同意的。可是在美國，情形就不同了，藝術並沒有像歐洲一般普及於公共生活之中，而是屬於個人的追求，不到美術館幾乎接觸不到藝術。有錢有知識的上流社會人士，偶而收藏繪畫，也只是圖書室裡的點綴。雕刻是少見的，即使是公共空間也少有作品。至於建築，他們沒有想到那也是一種藝術。所以在美國必須由政府來鼓勵文化中精緻文雅的一面，當然也要包含人文部分在內。這就是為什麼在我們九年一貫的國民教育中，一些教授想出「藝術與人文領域」以取代「美勞課」的緣故。

至於廣義的文化，幾乎就沒有邊際了。

我們通常把文化視為一個民族的生活方式與價值觀念，在概念上，包山包海不易掌握。我嘗試從字典中找一個定義，在《國語字典》上，找到比較容易懂得的說法：

> 人類社會由野蠻到文明，這中間大家努力所得的成績，表現在各方面的，像科學、藝術、宗教、道德、法律、風俗、習慣等，它們的綜合體叫做文化。

這個解釋很清楚，但在今天也許不流行了。問題在於它提到「文明」二字，這是說文化是文明社會的產物。可是近年來人類學家當道，他們否定了野蠻與文明之間的界線，不再低視原始社會。因此我建議，把國語字典上文化定義的第一句「由野蠻到文明」刪除，改為「人類社會有漫長的發展史」，這樣一來，廣義的文化就是我們平常所說的歷史文化了，大家不就更容易明白了嗎？

說到這裡，我們要整理一下文化可能為人們所理解的含意，以便與創意相聯結，產生具體的意義。

狹義的文化

就精緻文化來說：

（一）它指的是一種教養

上流社會的人士待人接物，舉手投足，言談之間，都可予人以文雅的印象。我國古人對「禮」特別重視，在六朝時期，士人很重視「風姿」，是與人相處時所表達出的兩個重要因素：一是風雅的動作，一是合宜的態度，加起來就是君子的風度。這樣的風度在今天被視為教養，是因為這樣的文化內涵必然是學習而來，特別是在家庭環境中，自小成長所受到的長期培育。所以這樣的文化可以直接解釋為上流社會的行為模式。

（二）它指的是一種品味

這個字的英文是taste，好像是品嘗美食的能力，應用在衣食住行各方面。我們對於生活環境中的一切，都有一種反應，表達出精神上的好惡之情。在上流社會中，這種好惡的反應建立在感覺的判斷上，也就是我們所說的審美判斷。到今天，進步的文明國家，在國民品味的培育上已具備必要的條件，所以國民的素養中都有相當的品味，可以在生活環境中產生美感的反應。至於發展落後的國家，這是只有少數上層階級才具有的能力。

以上的兩種「文化」，前者是指一個人的內在涵養，後者是指一個人對外在物質世界的反應能力。

（三）是指詩文創作與欣賞

文字是文明族群所創造的表達工具，使用文字所創造的藝術形式就是詩與文。理論上，凡可以使用文字的人都可以表達感情，但只有少數有天才的人才能創作出動人的詩文。大體說來，知識分子幾乎都有某種程度的詩文藝術創作與欣賞能力。在各國的教育體系中，文字運用的藝術都居於重要的位置。有些國家（如中共）說一個人有沒有文化，指的就是識不識字。所以一個國家或其國民的文化水準，常常是以使用文字的能力來判斷的。

（四）是指藝術創作與欣賞

當我們提到精緻文化的時候，所指常常是藝術。藝術被大家共認為文化的結晶，用它來代表文化是理所當然的。在諸多藝術之中，又以美術與音樂為最純粹，故在文明國家，提到文化，通常是意指這兩種藝術，那麼表演藝術等居於何等地位呢？

回溯人類社會的歷史，就知道藝術是源於精神生活的需要，是加在物質生活之上的，也可以說是自物質生活中推演出來的。簡單的說，早期人類特別依賴宗教信仰，以解決大自然現象難解的奧秘。藝術的最早形式就是表演藝術，舞蹈與戲劇，用來頌讚、崇拜、感謝人們所深信的神祇。美術是視覺藝術，音樂是聽覺藝術，兩者原是表演藝術的一部分。在文明進步的歷程中，宗教信仰的色彩逐漸淡化，頌神所用的美的成分逐漸獨立出來，為上層社會所享用，以提升精神生活的品質，也就是由奉神轉變為自奉。以藝術形式為例，美術從「為神造像」變成「為人造像」，逐漸把美的價值推進到俗世生活之中。

藝術進入俗世後，要把人類的精神生活自宗教脫離，建立以人為中心的精神世界，因此脫離物質生活仍然是必要的，這就是西方思想家把音樂視為最高藝術的原因。音樂在本質上具有抽象性的美的感染力，中國古代文化亦用音樂代表審美的領域，所以禮樂並稱。美術以繪畫為代表，其美感可以脫離物質生活卻具有實體的形象，是僅次於音樂的精神化的美感實踐。在美術中，又以繪畫最能脫俗，接近純精神的世界。

自以上的討論中，可知舉世以美術與音樂代表文化，是試圖以精緻文化的尖端成就來概括的意思。一個族群的文化水準用藝術成就來衡量是比較明確的。

廣義的文化

下面讓我們來談談廣義的文化。

社會的菁英會很自然的使用藝術來意指文化，但對後現代的知識分子來說，這種看法落伍了，因為在他們看來文化的定義是生活，生活所包括的領域是全面的，藝術只是其中一小部分而已。

前面所引的國語字典裡的定義即可看出，在藝術之外，它具體的列出了科學、法律等理性成分甚高、具有國際性的成就，又列出了宗教、道德等民族歷史淵源較深的文化成就。然後是與庶民生活方式直接相關的風俗、習慣。這三大類當然都包括了其物質與精神的兩個面向。這樣去看文化，實在太廣大了，幾乎到了無可掌握的地步。

依文化界的習慣，文化的意涵也是多元的：

（一）指的是現代文明社會

現代世界是以科學與技術為中心的社會，很自然的把科技視為高級的文化。它的精神面，是指數理式的邏輯思維，繼續不斷的推動物質文明的進步，生活方式的改變。這個世界是在「未來」的期待中存在的，而推向未來的力量就是創意。二十世紀中葉以後，創意的力量已經把我們的生活改變了幾次。科學與技術增加了世人的財富，把我們的生活推到千變萬化，無法預測的境地，享樂成為人類追求的終極目標。

現代文明當然不只是科技。它的另一支柱是民主制度與法治社會。我們很驕傲的認為民主與法治是高級文化的標誌，並維護之不遺餘力。但是也不能不承認拋棄了過去的社會倫理制度，衍生出今天完全基於自由與平等為原則的人際關係，使當代文化失去明顯的秩序，幾乎完全依賴個人的道德觀與價值判斷。我們已經指不出現代文化中值得頌揚的具體項目。

（二）是指現代人的憶念

現代社會在急遽進步中，我們很快就脫離了自己成長的社會環境，進入一個嶄新的境遇。在過去，這種進步是我們夢寐以求的，誰不想早一天脫離貧窮的環境，邁進光明的富裕社會呢？離開土坯磚的農舍住進高樓大廈的豪宅中，不是我們的夢想嗎？是的。但是在我們的精神生活中少不了記憶，如同不會忘記父母親一樣。這些記憶少不了過往的生活環境與生活習俗。在進步緩慢的時代，進城尋求新生活的人在為憶念所苦的時候，永遠可以返鄉省親，以滿足感情上的需要。但是在快速發展的今天，當你想到家鄉的時候，那裏可能不存在了，即使存在，土埆厝已變成與城裡相似的洋房。

這是現代人的悲哀，也是現代社會樂於追憶，甚至主張用各種方法保存傳統的原因。文化資產因而就受到重視而被利用了。什麼是文化資產？大家卻是不太理解的。他們所在意的是記憶中的老房子、舊風俗。在記憶中的一切都成為有價值的文化了。

（三）是指地方的生產方式與產物

在現代化來臨之前，由於交通不便，即使在同一個國家之內，也有很多個別地區能發展出自己的獨特風貌，在衣食住行等方面，都各有特色，如同方言一樣，這是自然發展的結果。自從文明漸開，各地區間開始往來交通之後，各地在產物與生活方式上的特色，就成為該地區的標誌，也是地方文化的傲人的旗幟。一般說來，成熟的農村文化，都掌握了歷經許多世代的生產方式，值得深度領會其價值，日本在這方面提供了很好的例子，所以社區發展常以此基礎，使各地方在現代經濟體系中繼續發展下去。

（四）是指地方所流傳的慶典等活動

凡是在現代化來臨之前已有成熟的宗教信仰與組織的民族，大多早已演變出季節性的敬神活動。這是地方居民上下齊心努力經營並期待的活動，集中了一切人力與物力，創造出感動天神並娛樂民間的表演，是典型的民間藝術的集體表現。中國的中原地區沒有全民性的宗教信仰，但仍然有一年四季的季節性慶典，這些活動雖比不上歐洲與日本，仍然稱得上地方文化的特色。如五月節、八月節，都有特定的活動內容，雖為全國性節慶，各地方仍發展其特色。

（五）指少數民族的文化

自從民族學者們的觀念被接受後，文化界對過去低視較原始的民族的態度心存愧疚，轉而向少數民族的生活中去挖掘具有特色的生活方式與產品，並加以頌揚。社會大眾基於好奇心，也欣然接受，並以觀光客的態度來欣賞他們的文化。在很多情況下，甚至覺得文化指的就是這些異域的、新奇的生活方式。國際化的現代生活，如同空氣與水一樣的自然，已經不覺得是什麼文化了。這種趨勢使年輕一代特別有興趣於蠻荒生活的探索。

（六）最後才是現代生活中的通俗文化

這是我們大多數人所過的日子。當然是指流行的衣食住行的風貌。自從傳播工具大眾化以來，時尚成為重要的價值，生活的內涵一直不斷的充實與改變中。我們一直想吃更美味的東西，穿著更好看的衣飾，只這兩項已經夠忙的了，再加上娛樂的要求，以打發閒暇的時間。現代人以最少的時間賺最多的錢，因醫藥進步而延長的生命反而變得枯燥，如何愉快的打發這些時間，便成為聰明人創造財富的契機。就這樣，我們創造了一個花花世界。

說到這裡，我已經儘可能把我們對「文化」的意指找出來了，若還有其他面向，請讀者們幫我補充。也許有人覺得我太囉嗦了，但是我習慣在進入深度討論之前，先把定義弄清楚。為什麼文化部的工作常被指責呢？就是因為每人認知的文化是不相同的。在我看來，為什麼政府談文創十幾年，至今一無所成呢？也是因為太多人各說各話，缺少一致的目標方向的緣故。

各位現在知道文化有這麼多可能的意指，應該就能想像文化產業——也就是文創會有多複雜的內涵！把文化變成產業實在不是一件單純的事情，每一種文化的定義可能就是一種獨特的產業模式。在此情形下，我們談文創豈有不被迷糊其中的可能！

第二章
初識文創

在第一章已大體上介紹了「文創」這個字眼的來源。讀者如果同意我的說法，就知道文創就是「文化產業」，只是化妝過而已。文化人是不喜歡產業這種字眼的，因為太過市儈氣了。當然，商業掛帥的時代已經來臨，趕不上時代的文化也應該調整一下自己的態度了。總之，過去我們不屑問聞的銅臭味，終於彌漫全球了。

上世紀末開始，為了向時代精神看齊，文化界傳出「文化產業化，產業文化化」的呼聲。大家很少深究這句話的涵義，只認定是讓文化與產業相融。其實它的前半句是本意，也就是要求文化工作者要向錢看，把文化當成產業經營。後一句話則是鼓勵，希望產業變成文化，要看你如何解釋文化二字。產業本來就是一種文化，何必又要文化化呢？其實是指「向精緻文化看齊」。這是一種夢想。說這句話表示文化界不是向產業投降，而是與產業相結合。這是不用說的，如果文化成為一種賣點，產業豈有不歡迎的道理？問題是怎麼使文化成為一種賣點呢？

文化大眾化與文化產業的關係

文化成為一種產業，引起大家的注意，是在二十世紀中葉，學者們注意到電視的普及化，可能降低文化水準。在那個時候，原本是精緻文化當道，卻被人人都愛看的電影與電視劇，占去大部分的休閒時間，傳統的藝術與文學就被忽視了。因此這種新文化被稱為大眾文化，也被視為文化產業，因為它的產生是以賺錢為目的。

說得清楚些，文化產業是把文化產品予以大眾化，利用現代工業生產的方式，使廣大的民眾都可以擁有或欣賞，在這裡的關鍵字眼是「大眾化」。

過去所說的「文化」顯然指的是精緻文化，原由上層社會所獨享，一般大眾無力負擔，無閒暇去品賞，也沒有品賞的興趣。因此新時代的創作者要把眼光放開，不再以高品味為目標，而著眼於大眾的興趣與價值，他們找到新的賣點，就可以發展為一種成功的產業。

電影是最早成功的文化產業，好萊塢成為世界注目的美國文化的生產基地，使歐洲的傳統文明國家又氣恨又羨慕。美國文化被指為膚淺，指為娛樂導向，就是因為以文化產業取代了高品味的追求。法國一直對好萊塢抱著敵視與排拒的態度，就是這個原因。直到文化產業精神改變的二十世紀末期。

時至今日，文化產業仍然以電影、電視為主要內容，所占比重超過百分之五十。仔細分析起來，電影是典型的文化產業，它的源頭是戲劇這種精緻文化，也就是表演藝術。在各種藝術形式中，表演藝術是由宗教娛神活動中演化出來的，本來就帶有一些群眾性，當它成為一種高級的生活藝術時，也很少發生擁有者獨享的情形。因為表演藝術固然是一種創作，它也是一種時間藝術，必須透過有才能的演員在開演到結束的這段時間裡演出，同時完成展現和被觀看的過程，自然應由愈多人欣賞愈為合理。所以即使是喜歡看戲的慈禧太后，也知道御前表演應該邀一些寵臣一起觀賞，雖然是小眾，人數不能與鄉下娛神的熱鬧場面相比，至少也是「觀眾」。

可想而知，收門票的戲劇就是早期的文化產業，只是它所服務的觀眾限於少數有錢人而已。中產社會來臨時，大文學家不再創作如莎士比亞那種少人理解的高品質作品，開始迎合一般大眾的品味。至今戲劇仍然是英國社會最流行的藝術形式，倫敦的戲院區歷史，顯示英國是最早中產化的國家。自紐約的百老匯戲院區到電影的出現，只有一步之遙，剩下來的只是創作者把目標觀眾定為大眾，降低品味，減少深刻的內容，增加娛樂性以應之而已。

這樣去了解，就可以知道藝術形式至少可以分為兩類，一類是天生的產業型文化，就是表演藝術——戲劇、舞蹈；另一類是個人型文化，就是視覺藝術——繪畫、雕刻。而音樂與建築則兼具這兩種特質。

還有另一種天生的產業型文化，其地位甚至高過表演藝術。這是什麼呢？答案是文學。表面上看起來，文學有空靈的本質，似乎是不食人間煙火的。世上著名的文學家，常常過著清淡、孤寂的日子，以其曠世的才能為人類開闢性靈世界。這樣的文化怎能以產業視之呢？

有趣的是文學的作品是可以完全複製的。一旦傳播出去，人人都可以擁有，所以它在本質上是最具備群眾性的藝術，而且傳播到人群中正是文學家的本意。最早的時候是用傳抄的方式來傳播，有興趣擁有的人，只要有抄寫的時間與能力都可以抄一份保留。所以在魏晉南北朝時代就有「洛陽紙貴」這句話，在沒有印刷術的時代，喜歡的人太多，為了傳抄已經可以把市上的紙張買光，這是多受歡迎的作品！

印刷術的發明就是為文學作品普及化而產生的，但卻無意中造就了最早的文化產業：書局與出版業。書籍成為商品出售，不僅免除了愛好者抄寫的痛苦，而且為人類文明的快速發展奠立了基礎。知識的傳播有了產業的支持，就有大眾化的可能性。

自此看，文化產業是文明發展的尖兵，文化的低俗化只是後日的病態而已，這是產業所帶來的負面文化。原是為了高品質的傳播而發明的機制，因為有了賺錢的動機，就被純粹的商人所利用了。以賺錢為目的的文人也出現了，通俗小說就是這樣發明的，法國的大仲馬與小仲馬實在是文化產業的鼻祖。他們發揮想像力，把文學推到娛樂的領域，成為中產階級社會不可或缺的產品。中國自元朝以後，小說就流行了，不但有《水滸傳》、《西廂記》等，硬的軟的故事，供讀書人休閒，連歷史都可以用演義故事的方式表現，三國時期的歷史因而廣為流傳。

自今日看來，這種發展並不算「負面」，只是文化的演變而已。即使《金瓶梅》這種淫書，仍然有其文學價值。當然，等而下之的就另行討論了。類似春宮畫一類的作品有沒有正面的價值？是有趣的課題。

說到這裡，可以知道為什麼上世紀嚴肅的文化學者不齒於文化產業的緣故。

西元二九一年，西晉人左思寫成《三都賦》，是描述魏、蜀、吳三國歷史之長篇著作。此文受到當時知名文士讚揚，皇甫謐親自為《三都賦》作序，張載為〈魏都賦〉作注，劉逵為〈蜀都賦〉和〈吳都賦〉做注，因此名聲大震，眾人競相傳抄，導致紙價大漲

不是文化產業化，而是藝術創意產業化

一般說來，我們把創意視為「點子」，是聰明人解決問題的才能。所以大家把文創解讀為文化產業，就是把創意看成「用文化來賺錢的點子」。

可是英國人所說的創意產業顯然不是這個意思。似乎是把創意來代表文化。這又是怎麼回事呢？

以我對英美兩國對文化的態度的理解，英國人不用文化產業這樣的稱謂，是不願使人感到政府在干預文化事物。以政府的力量來推動文化產業是違反文化自由的原則的。可是文化的產業化是時代的趨勢，他們看到的是，可以產業化的東西並不是文化，而是文化中的創意。

我們知道藝術的核心動力是創意，因此創造性的藝術可以與文化分開，僅就其創意部分予以產業化。這樣似乎是說得通的，因此創意產業的項目只是各類藝術而已，創意產業是以創意賺錢，而不涉及文化。如果你一定要學法國把藝術解釋為文化，悉聽尊便，但他們不是這個意思。我這

樣解釋英國人的觀點並不是要找碴，而是想藉此解析文化與創意的關係，至於英國人是否自我欺騙呢?那就只有天知道了。

讓我們看一下我們的《文化創意產業發展法》中所列的項目，大概可以了解創意的涵義。依我們所因襲的英國式的說明，創意就是指藝術，大體可分為視覺類藝術、音樂與表演藝術、設計類藝術；在此之外的就是影視、出版等傳統的文化產業及當代流行的娛樂產業。

自此看，可以知道英國人確實是以扶植藝術的創意為主要目的。他們看出來，二十一世紀是藝術生活掛帥的世紀，創意也就是創造力，是藝術的原動力，把創造力當作產業去推動，就是鼓舞藝術的創造者，就是大力促生藝術品，充實二十一世紀的生產力。

以外國文創法裡面的項目來看，藝術是指精緻藝術與通俗藝術，但並不包含廣義的文化範疇。這樣一來，文創似乎並不等同文化，但在我國文創法中居然把文化資產的應用也包括在內。文化資產包括的範圍很廣，自古蹟到傳統技藝，涵蓋了廣義文化的大部分。

經過以上的討論可得初步結論如下：

（一）創意是指把文化產品轉變為生財的產業的創造力

譬如戲劇藝術，這種文化產品原本是高級的、精緻的小眾藝術。聰明的創造者發揮智力，完成兩件事：其一為發明了電影這種技術，使戲劇可以很輕鬆的複製，同時呈現在很多人的面前，使他們感動。其二是戲劇創作者掌握廣大群眾的品味，把故事情節通俗化，內容為大多數人所喜愛。這兩個條件結合在一起，產生了美國的好萊塢奇蹟。沒有創意就不會有電影這種全球化的文化產業。自電影到電視，是同一現象的進一步發展，這就是早年被指為膚淺的文化產業的主流。

（二）創意是指提高藝術創造力以擴大藝術產量

雖然英國的文化政策有此一說，但這是對精緻文化而言的。這是化腐朽為神奇的產業觀。對於一般人，一張紙、一支筆，只能消磨時間，所塗出的東西與垃圾無異。如果這位執筆的人忽然有了創造力，他筆下所生產的就不是垃圾，而是為大家所珍惜的藝術品了。自生產的觀點看，藝術創造是成本最低、產值最高的產業。

藝術的市場向來如此。著名的藝術家所留下的片紙隻字都有交換價值，但這一傳統與創意並無關係，只是收藏家對大藝術家的仰慕之情而已。我在上文所提的「創意的產值」是指為數甚多的愛好藝術創作，或業已跨進藝術圈子之內的人們，他們發揮的創造力，才有助於整體產業的成長。他們的貢獻不只在經濟上，對於整個社會的文化素養的提升也有顯著的貢獻。

(三) 創意是設法突顯傳統工藝的特色以聯結現代生活

傳統工藝產品是過去精緻生活中的必需品，是文化的資產，但是因為與現代生活和國際化的品味相去甚遠，大多被現代人所塵封，成為博物館的珍藏品。然而基於美感有共通本質的觀點，過去的工藝必然有其相當的美感要素，有待我們去發掘。如何把這些塵封的文化價值，經過適當的開發，與現代生活可以相融，為國際品味所接受，是需要聰明的頭腦去開闢的。

傳統工藝做為今日的裝飾並不困難，真正融入生活才不容易。目前大家容易做到的，如同觀光客帶回家的紀念品，屬於前者，也是產業的一部分，只是其需求不大，產值有限而已。進入生活必需品的領域才是我們希望的創意。

以上是推動藝術產業化所需要的創意。但是若想要把創意推展到文化的全部面向，顯然這是不夠的。以大眾文化為內容的、早已成熟的文化產業同樣需要不斷的創意，將這一部份創意解釋為「創新」更為恰當，因為不斷的配合時代、推陳出新才是重要的擴展的動力。

建立在多元價值上的新奇體驗

一個重要的時代意義是多元價值社會的來臨。

在過去，價值是單向的，即精緻文化中以美感為主軸，而且是以上層社會之品味為外觀的價值標準，這種模式由於民主社會的來臨以及大眾力量的興起而逐漸破滅了。新時代是商業掛帥的時代，所謂上層社會逐漸從傳統貴族改變為新興貴族。所謂新興貴族就是會賺大錢的企業家，或擁有多數人支持的政治人物，他們大多出身於不同的社會階層，自然不會繼續遵循少數貴族判斷品味價值的原則，因此文化的理論家也轉向了，他們認為必須尊重不同社會階層的價值。引申起來，不但日益增強的中產階級價值逐漸成為主流，擴及基層社會，來自各個不同族群的生活方式與價值判斷，同樣應該受到尊重，也包括在文明上較落後的少數民族。

老實說，多元價值的觀念，就是在文化產物上放棄判斷標準的意思。一個評論家的嘴裡，如果這樣也好、那樣也好，其結論豈不是廢話嗎？自正面看，這是新時代寬容的精神。我們在價值上不再預設立場，不論是那一種判斷，只要出之於文化，就是可以接受，值得品賞的。但是，這樣一來，「價值」還值得一談嗎？

然而自社會大眾的眼光觀察，還是有設定一種價值的必要，否則我們如何在市場中選擇商品呢？因為多元價值隱含著兩種意義。

第一是個人的喜好。在人類社會中，每個個人都出身於不同的環境與教養之下，其喜好自然因每人成長條件的不同而有所差異。在今天，我們必須尊重這種差異，因為在現代商業社會，鈔票決定一切，每個顧客都是價值判斷的主人，鈔票決定一切，因此我們必須以貨品的多樣性來應付多元價值的需求。今天的世界，是提供多樣選擇的世界。

表現出大家彼此尊重的一句話不就是：「只要我喜歡，有什麼不可以？」

上世紀六〇年代，美國甘迺迪總統的一句話，為這個時代打開了序幕，他那句名言是：「我不問為什麼（why）？我要問為什麼不（why not）？」這是對任何事物先加以肯定，再細查其原由的價值觀。

第二是新與奇的價值。當我們放開胸懷，擁抱一切價值的時候，就自然的產生價值判斷疲勞症。我們的眼睛看不出價值的高下了，樣樣都可以接受，就是樣樣都不接受，這是一種價值判斷的痲木，當然不是好現象。

這時候我們所依賴的是我們天生的另一種本能，就是新與奇的反應。當我們身心在麻木狀態的時候，新與奇可以使我們興奮，重新燃起生命的熱望。

所以這個時代的價值核心是新奇。很有趣的是，新奇的追求與創造力的發揮有關。這樣的價值觀幾乎是感官取向的，其他一切價值都不重要了，大家都在追求全新的體驗，創意就是絞盡腦汁來追求前所未有的經驗。

大家可以推想，在新奇主導的價值之下，與多元價值觀的精神是否可以吻合呢?其實正是如此，如果沒有多元的觀念，新奇掛帥是不可能的。在尊重傳統單一價值的過去，一切新的想法都是被唾棄的，標新立異被視為行為上的弱點，或只是在工作能力不足時，尋求脫逃的方式。新奇通常被視為怪異，是不登大雅之堂的。

政府該扮演什麼角色

在前文的簡短討論中，我盡可能的說明了比較難以理解的「創意的意義」。但是廣義的看待文創，實即廣義的文化產業，它是包山包海的。因為文化就是一個廣含的名詞，什麼東西不是文化呢？眼見、耳聞的一切，都是文化，這是沒有爭辯餘地的。我希望未來有機會可以分門別類，仔細談談它們的產業化。

這實在是一個很有趣的題目，只是作為政府的政策就有其難題了！新時代的民主政府真的有責任要去推動文創嗎？它要怎樣去完成發展文創的任務呢？文化的類別如此之多，政府怎麼可能照顧得周全呢？這都是我們將在後文討論的課題。我所要說的是，如果要發展文化產業，民間所應負的責任也比政府大多了！我們看到過去十年間政府所設的文創園區都繳了白卷，就知道我所言不虛了！

第三章
誤解文創

很多文化界人士非常不喜歡文創這樣的字眼。因為文創是一個經過包裝的名詞，由臺灣人獨創，但是又被過分誇張了。在前文中一再談過，文創實際上是文化產業，可是文化人很容易認為「創意」是高貴的字眼，如果被利用來為商業遮羞，豈不是對文化的侮辱？

坦白的說，這種思維是非常不適當的。向來講究邏輯的西洋人，只說文化產業，或創意產業，連文化創意產業這樣的話都不說，何況是只把文化和創意連起來，然後把創意解釋為產業？但是為什麼我們很喜歡這麼用？一旦有人提出來，立刻被大家，包括政府所接受，而且寫在文化政策中，並立法予以推動？甚至大陸的政府也不假思考的跟著我們大唱文創，而且聲音比我們還大呢！

文化活動不等於文創產業

這樣做說起來也沒有什麼了不起，可是我在最近幾年間一直為國人的態度所困擾，覺得文化產業的發展似乎受到一種民族文化特質所干擾。仔細想起來，問題可能就出在對文創這個字眼的誤解上。我們的民族太喜歡包裝了，因此把文化產業包裝為文創，使我們感到興奮，有無往不利之感。對於產業的發展，我們原是勉為其難的，如今有了亮眼的文創，大家都上下一致的張大眼睛。原來我們就是文化至上的民族，如今有了文化創意為產業，豈不是皆大歡喜，而且坐待偉大的產業未來的出現！

這就是文創成為政府的文化政策已十來年，卻只聽樓梯響不見人下來的原因。因為我們太喜歡這個名詞了，對什麼都可以套用，因此胡套亂套一氣，自然是毫無所成的。只要看各地的文創園區都做了些什麼就知道了？坦白的說，主持這些園區的官員，花了政府那麼多公款，雖然說並沒有亂用，都是在他們認知的範圍內，盡可能招攬文化人士進入園區內，辦些活動。只是這些活動算不算「文創」活動呢？就是值得研究的了。我的看法是，他們都沒有掌握到文創的精義，只是辦些「文化性質的活動」以應付上級而已。

為了說得更明白，我試舉華山文創園區為例。華山園區位於臺北市中心的精華地帶，原為酒廠。如改為新開發區，是上千億的財富，如今保留為古建，又在文建會的眼皮下，用以發展文創，若以之為政府文化政策的指標，當然是最適當不過。然而其發展的情形卻令人感到混亂。這些年來，華山園區花了那麼多公款，究竟做了些什麼呢？

華山是我比較常去走走的地方，但坦白說，親臨其地也弄不清楚其活動性質。我的感覺，它是政府所倡「古蹟再利用」的一類，能塞點什麼進去，使它活潑起來就可以了。只是華山的面積甚大，如何經營需要一些腦筋而已。

我查了網路上的資料，配合我親訪的經驗，知道這裡最大的空間仍然是為展覽之用，與世貿的展示廳有些類似，只是這裡展出的多與藝術與文化相關。可是與博物館或美術館的展出比起來，其品質的選擇沒有那麼嚴格，有些近似社教館的意味，只是比社教單位更活潑些。

華山園區由於面積甚大，除展示空間散布各處外，還有表演的場地。

雖然在廠房的結構中重建演藝空間比較困難，可是聰明的營運者還是劃分出少量音樂表演場所，以及電影館，後者由專映藝術電影的「光點臺北」主持。這樣以來，「展」、「演」就實際上占用了華山的主體空間。

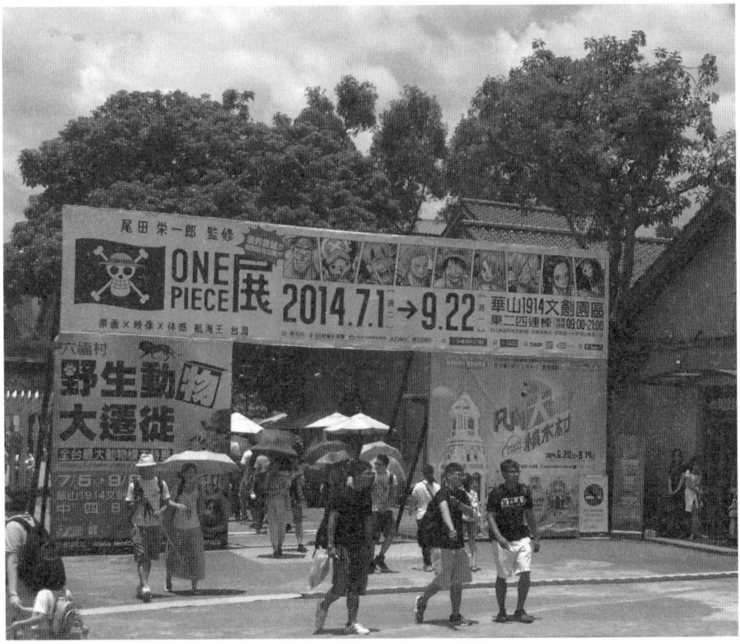

圖一 華山文創園區是熱門的展演活動場地

在展演空間之外呢？

都是些附屬性的活動。就像一般的展演場所一樣，通常他們會利用展演所吸引的人潮，提供賣店的服務。一方面可以為某一展、演的主題出售周邊產品，也可以設置較永久性的資料提供服務，比較常見的是書店。對於社教型的組織而言，一切文化都是以閱讀為核心的，所以從販售書籍的想法出發，不難擴而為服務觀眾的閱讀服務，也就是小型圖書館。環繞著書香氣，也可以辦些名家講座。

展演活動衍生出這些賣店式的服務，就使得整個區域隨時都籠罩在文化氛圍中，所以華山是一個成功的吸引文化人的空間。在這樣的文化氛圍中當然少不了飲食服務。咖啡的香味是絕對必要的。對於年長些的訪客，也許茶香更為親切，只是不如咖啡香可以在展場的空間中流動而已。

有喝就要有吃，這是中國人的習慣吧。所以在華山裡面，除了咖啡與茶之外，少不了的是餐廳。有看、有吃、有喝，一切都完美了。

如果我們以華山作為標準的文創園區，劃出它的空間架構，可以用三個圈的同心圓表現。中央是展、演空間，如果更清楚一些，可以將這個圓圈分為展與演兩塊。這個核心是園區存在的理由，也是活力的來源。這個核心圈的外面，是為觀眾服務的書籍、文物供應圈。空間沒有那麼完整，卻穿插在展演空間的周圍，它的外圍就是吃、喝場所了，讓觀眾遊逛累了之後可以坐下來休息，一解口腹之欲。園區存在時間久了之後，鄰近的市民未必一定來看展覽或表演，卻可能被這裡的氣氛與飲食的香味所吸引，來此招待友人或自我享受一番。

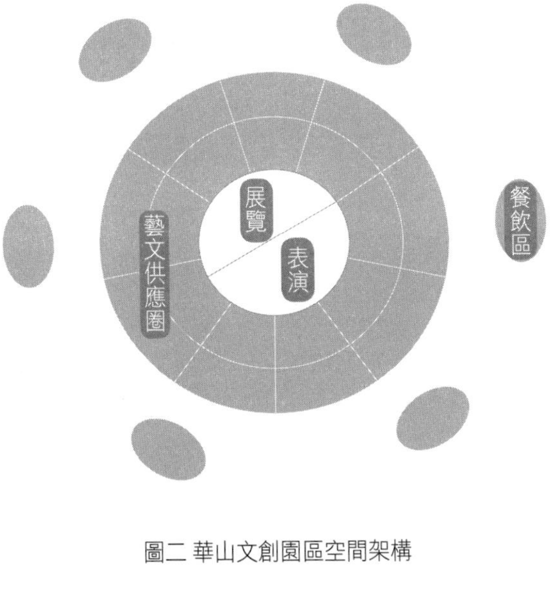

圖二 華山文創園區空間架構

文創的定義必須加以緊縮

說到這裡，華山園區的內容大概介紹完了。各位看官是否覺得很熟悉？這不正是我們在臺灣各地活動場所常見的所謂文化活動嗎？這與「文創」又有什麼關係呢？如果這些鬧哄哄的東西都算文創，那麼我們早已很「文創」了，何必要等到今天，又要由政府花大筆錢來當成了不起的政策去大力支持呢？

話說回頭，華山的這些活動算不算文創？如果不算，「文創」又在哪裡呢？

如果照目前流行的觀念，文創就是用文化賺錢的意思，那麼我們睜開眼看到的幾乎無一不是文創。生活中的一切無非文化，沒有一種東西是不要花錢的，這樣說來，豈不是我們都生活在文創之中嗎？這就是觀念混亂的源頭。

我們太喜歡文化這個字眼了，又太愛「創意」的想法了，把兩個名詞放在一起，又作成包山包海的廣義解釋，那麼有什麼東西能不被文創網羅呢？要回到有意義的文創，必須先把文化與創意的定義加以緊縮才成。

談到文化產業，西方國家把文化定義為藝術性產品，所以觀念上沒有混淆。這是非常狹窄的定義，但也是不會被誤解的定義。它的意思是，當此產品被創造的時候，目的是有藝術價值與內涵的作品。藝術作品是不同於商業產品的，是因前者不曾有經濟的考慮。

自此狹窄的定義出發，西方國家在發現了藝術品同樣可以有經濟價值之後，就從已經完成的藝術品出發，加以「再創造」，使它具有一定的經濟價值。這個再創造的過程就被認定為「創意」，再創造的產品就是文化產業，也就是臺灣所說的「文創」。所以他們所指的創意產業實在是指兩個層次：

其一是藝術品本身的價值產業化。

其二為藝術品經再造後的產業化。

舉一個明顯的例子，第一類產業等於提升一幅畫本身市場價值的過程；第二類產業則是一幅畫的複製品的限量發售，而複製的觀念和形式可以通過「創造性」思考產生各種變化，是文化產業的末流。

用一幅畫的例子來說，它的文化價值就是藝術價值，也就是這個作品中的「創意」。這就是英國人把文化產業稱為創意產業的原因，因為這幅畫的成就完全賴於此作品的創意所蘊含的價值。至於把一幅有成就的畫變成商業產品，聰明的商人動動腦筋通常就可以做到，實在算不了什麼創意。譬如把一幅畫印在盤子上，賣的是這幅畫的吸引力，並不是把畫做為裝點的這個想法，國人稱之為「點子」。只靠「點子」是賺不了多少錢的。

不幸的是，在臺灣的我們玩弄「文創」這個名詞，把創意解釋為點子，把文化產業看小了。大家把文創掛在嘴上，聰明人一天到晚想些如何把已有的或他人的產品變成自己賺錢工具的辦法。所以每天在談文創的人，只是玩弄小聰明的人，對於我們所期待的文創時代的出現，可以說是毫無幫助的。

讓我們回頭看看以華山園區為例的臺灣式文創。在這三圈空間結構的活動中，怎麼去解釋文創呢？首先，這是以最寬廣的定義去解釋文化，又以最不起眼的點子去解釋創意。其結果就是隨處所見莫非文創了。

讓我們分層剝開來看。

展、演的核心活動是不是文創呢？以西方的標準看，美術館的展覽、演藝廳的表演是文化事業，而不是文化產業，因為它們的目的是提供富於文化素養者品賞，不是為了賺錢。在美國，這兩類活動常常是大企業所支持的基金會之公益事業。直到近年，展演場所之經營費用高漲，讓基金會感到無以為繼，才有提升票價等增加收入的策略。即使勉強把它們提升到文創事業，又能有什麼幫助呢？

文化事業的收入完全依靠其藝術成就之高下，及社會上對文化重視的程度而定，產業化的運作空間是很有限的。在華山，他們根本沒有想到產業化的問題，只要有人利用政府所維護的古建築空間，他們已經覺得賺到了。廢物利用即使不賺也真賺了。如果單單是展、演事業，照說是談不上產業的。即使是最成功的雲門舞集，每年的表演仍然要靠政府的補貼與企業的贊助。

因此美術館、博物館與演藝廳都想利用周邊的服務產品為賺錢的工具。自展演說明開始到相關出版物等，都被臺灣視為文創品了。與展演內容相關的紀念品，尤其被視為文創的標竿。

對於認真看文化產業的人，這類「文創」已經很可笑了，但是用寬鬆的定義來解釋文創的人，無不可視為文創。開間咖啡館、簡餐店都可以稱為「文創」。這是當然的。吃與喝不是文化嗎?大家都會同聲附和。既然如此，把吃、喝的方式與內容加以包裝就是創意的發揮，因此也就是最為大家同意的「文創」。這樣的文創設在文創園區，就如假包換，咖啡也不是普通的飲料了。

自吃、喝發展出的文創，有著特別的吸引力，並不一定依賴藝術為核心的文化，所以這幾乎是人人都想得到的「文創」。也就是大部分被保存的古建築，為了再利用所想出來的「文創」。

在華山的服務中還有原住民文物的商店。大家會覺得是很自然的，因為少數民族的工藝早就被視為文化產品，將它納入文創是理所當然的了。

在華山所看到的這些活動，在我分析起來，並沒有什麼特別的「創意」，都是我們所熟知的東西，如果這就算創意，還有什麼不算創意呢？

幾年前，文建會為了發展文創園區，就用ROT模式把華山標出去給企業開發經營。政府似乎希望藉著私人企業的創造力量來改變華山的現狀，進而結合原有的古建築與未來的新建築，發展為一個有生命力的所謂文創的園地。可是經過若干年的努力，舊有區域如同我們在前文中所敘述的，只是些似是而非的文創活動，而新的建築居然只是利用空地，建造高樓大廈而已！所以消息傳出來，一度引起鄰近居民的反彈。

為此，民間的投資人遇到困難，主事者因而改組了。據說他們因此改變了計畫，讓空地增加，而樓房建得更高了。這個大樓被稱為文創大樓，使人難以理解，這意思是說建築物本身就是文創產品呢？還是說建築物具備推動文創的功能呢？如果是後者，難道整座大樓裡所進行的又是華山園區目前各項活動的翻版嗎？實在使人百思不解。這麼多活動塞在一座大樓中恐怕是很困難的，到頭來免不了是做其他形式的商業使用吧！

華山淪落到如此的局面，實在是因為上自政府的政務官，下至辦理行政工作的公務員都弄不懂文創的意思。他們所知道的文創，只是用文化做生意而已。誠然，文創的意思確實可以如此解釋。既然有這樣的看法，又何必大張旗鼓在文化部中成立單位主管呢？只要到處開餐館、咖啡館就已符合文創的目的，實在不勞政府費心了。

經濟與精神的雙重提升

那要怎麼解決這個問題呢？以我看來，我們要從頭把思路理清，找到問題的源頭。

第一：文創就是文化產業，這是不容懷疑的。

第二：為什麼要加個「創意」進去呢？這個名詞不能只把它解釋成賺錢的點子；相反的，這是提高文化內涵的意思。

第三：文創是指可以提高國民文化水準的文化產業。

第四：文創因此是提升文化的一種手段。

如果我們同意這樣的分析，就可以把文創視為一種正面的文化力量，值得文化界的朋友們關照，而且努力促成。是不是這樣呢？

我們必須承認文化產業有兩個發展方向。一個方向是向下沉淪，也就是把文化產品向物欲方面開發，可以滿足大眾的需要，卻脫離高級精神文明的領域。另一個方向是向上提升，就是把生活中所必需的文化產品，向精神價值方面開發，因而使社會大眾體會到高級文化的價值。這兩個方向都可以賺錢，都是產業化，但是前一個方向幾乎是人人可以推動的，賺錢也是比較容易的，就讓企業界自己去投資就可以了，政府所要努力的則是第二個方向。這裡雖然也可以賺錢，卻不容易做到，而且必須對文化有高度的認識才能做到，沒有人幫忙是不容易成功的。

二十世紀是美國的大眾文化的世紀。在精神生活的範疇，藝術並不能滿足普羅大眾，他們要的是娛樂。美國人很了解這一點，所以他們早就開發文化產業了。最著名的莫過於南加州的開發，這裡是童話故事的人間化。我們知道童話已經是為孩子們所寫的娛樂性著作了，南加州的開發商居然把這些童話中的世界建成可以親臨體驗的娛樂世界，可以說是最成功的文化產業。那就是名聞世界的「狄士尼樂園」。

利用現代科技與建築家的想像力，狄士尼創造了孩子們想像不到的娛樂世界，使他們留連不肯離去。南加州不但創造了吸引千千萬萬小朋友的樂園，而且隨時都可看到仙景化的建築，使那裡成為娛樂的王國。這是最成功的文化產業，比起好萊塢電影王國所創造的財富有過之而無不及，並發展出全球性的遊樂事業，很快的，東方就被征服了。在臺灣，樂園式的建設已經遍及全島，算得上相當成功，何嘗需要政府去插手？可是向精神方面發展的文化產業就完全不同了。

高級的文創是什麼呢？如果用同類的例子來說明，那就是二十世紀中葉在美洲開始發展的科學中心。美國的科學博物館原來只有在展出大型展品如汽車、飛機，或古生物中的恐龍時比較易引起大眾興趣，然而只靠大型展品並不容易協助大眾從博物館豐富的其他收藏品中學習到科學知識。所以他們就從展品出發，開發出一些有趣的故事，使觀眾被故事所吸引，進而對科學的原理產生濃厚的興趣，使孩子們自學習中得到樂趣，並進一步追求知識的興趣。

所以嚴格說來，現代成功的科學博物館，其展示部分是新創的，屬於真正的創業產業。一開始只是政府為推廣教育，提出建設科學中心的政策，並沒有把它當成產業，可是確確實實從這裡產生了真正的新時代的文化。

舉另外一個例子，就是影視產業。那是傳統的文化產業，也就是標準的文創。影視產業是否可以分辨出一般的文化產業與高級的文創呢？當然是可以的。

純以娛樂為出發點的作品，使觀眾沉迷於其中，就是一般的文化產業，這就是大部分影視作品的性質。照理說，真正的文創作品，應該是一邊利用影視娛樂的普及性，一邊提升其人性價值，使大眾在娛樂之中，同時學習或體會到人生的意義，或感受到心靈的愉悅。如果沒有這樣的意圖，就不必用文創這個字眼了。

這是我對文創的解釋，以及對文創的期待。既然文創是政府文化政策的主軸，那麼要求文創負有上述兩種任務是理所當然的。我們希望文創成為一種產業，因而促進國家經濟的發展，但不能忘記另一個任務，就是提升國民精神生活的品質。它必須兼有娛樂與素養兩種特質，才值得政府編列預算支應。不知各位讀者以為然否？

但是政府官員們弄清楚了嗎？

第四章
文創產業的三種類型

我們一直在打糊塗仗

文創產業如此為大家推崇與期待，為什麼認真要落實的時候，大家都有茫然之感呢？前文中已談到了，因為這是一個很不易理解的名詞。

「文化」是無所不包的字眼，自精緻文化到生活文化可以分成無數類別。「創意」也是一個可以隨意使用的名詞，大家掛在嘴上的，自科學技術的創造與發明，到藝術家的想像空間，乃至於生活中的一些「點子」，都是創意。至於產業，英文是industries，其類別也甚多，自硬碰硬的鋼鐵工業，屬於機械製造之類的產業，到專用頭腦的，出些花樣，軟到無形的網上作業，都是產業；其中當然包括居於軟硬之間的種種，實在不勝枚舉。文創產業當然是文化、創意與產業相結合的結果，可想而知，其類別是相當繁雜的。由此可以知道文創分類之困難。

舉例來說，政府在全國各地的工業遺址設立了六個文創園區，究竟這些每年耗資鉅萬的園區在做些什麼呢？這是一些沒有人可以釐清的，文化界隨便使用的場所。如果要找出共同的元素，恐怕只有咖啡館了。那麼，咖啡館能否算是文創產業呢？我想大多數人會立刻點頭。想到咖啡與文化人的關係，咖啡的香味與館內的氣氛，加上飄散著的輕柔音樂，是既有文化又有創意的，我們當然不能否認經營咖啡館是賺錢的事業。但是，如果承認了這一點，那麼餐館應該也可算是文創產業了！這樣推下去，有什麼不是文創產業呢？難怪文創的產值在統計數字上看上去很驚人到今天，政府

園區名稱	原初型態	建立時間
松山文創園區	菸廠	1937年
華山文創園區	酒廠	1914年
台中文創園區	酒廠	1916年
嘉義文創園區	酒廠	1916年
台南文創園區	總督府專賣局	1901年
花蓮文創園區	酒廠	1913年

表二 六大工業遺址文創園區列表

已經堂而皇之的用文創來代替文化了，如果不能釐清文創產業的類別，文化部必然成為眾矢之的，每天受文化界責罵。因為文創的範圍如此廣泛，文化部門即使有再多的經費，也不可能使大家雨露均霑。即使霑到的人也會因雨露有限而大感不滿，更不用說對文化政策的績效有所期待了。為什麼韓國在文創上有快速的驚人成就呢？是因為當政者不只喊口號，是用系統性思考，先把它分類，然後選取最有利的發展項目，投入大量人力與資金，才有今天的成績。那裡會像我們，十幾年來一直打迷糊仗，當權者以文創包容廣泛而沾沾自喜，卻拿不出明顯的成績。如果我們希望文創能在經濟上擔當一定的任務，那麼，首先認真釐清分類，選擇有利的發展項目，才是真正邁進二十一世紀的第一步。

保守或進步都行得通

要怎樣去思考分類呢？

這要看我們把重點放在那裡。在完全沒有頭緒的時候，我的習慣是先大別為三類。等方向確定後，再進一步細分，或視需要做局部的細分。以文創產業的分類來說，至少可以自兩個角度著眼。一個角度是自文化分，另一個角度是自創意分。這完全看我們的態度是保守派還是進步派。依保守的文化人的態度，至少可這樣分：

一、精緻文化

二、通俗文化（大眾文化）

三、生活文化（設計文化）

依較進步的產業觀來觀察，可能是以創意為主體思考。以此分為三類，可大體分為：

一、因產業而創意的文化——如影視

二、因創意而產業的文化——如設計

三、結合創意與文化的產業——如美術

這裡需要一點說明。第一項是「以產業發展為主體」的文化，創意的任務是要提高生產力。第二項是「以創意發生為主體」的文化，先有創意再導出產品。第三類是利用已存在的純精神性文化產物（如著名畫作）去發揮創意，使它成為有生產力的產業。

以上兩種分類的差別在於重點不同。譬如在前一種分類法中，繪畫是很重要的項目，必然放在前面。在後一種分類法中，繪畫就要放到最後面了。台灣現行文創法的分類有十六項之多，比照英國的十三項，順序相似，如以三大類分，則此法所採用的仍屬以文化為主體的分類法。為了順應大家的習慣，我們就採保守的第一種分類法吧！

精緻文化類

在文創法中，屬於此類者共有四項：

- 視覺藝術產業
- 音樂及表演藝術產業
- 工藝產業
- 文化資產應用及展演設施產業

其實真正屬於精緻文化的只有前兩項而已，也就是「文化」的主體。文化資產在法律上包含太多項目，除了古蹟、古物等有形資產外，尚有民俗、民藝等無形資產。可以把它單獨歸類為傳統文化類。至於展演設施是各類藝術的附屬性設備，是否應該單獨列出，值得考慮。如照我的意思，我會把這四項改列為：

視覺藝術及展出場所

音樂、表演藝術及演示場所

現代工藝

傳統文化資產價值再創

這樣修正的好處是可以比較精確的瞄準產業發展的可能性。譬如第一項指明了產業化的方向，前面是藝術品本身的價值，後面則是展出的價值。展示場所本身並不足以成類，應歸屬於建築。

原列的工藝產業很容易與傳統工藝混淆，這裡所列的工藝應該是當代的工藝，是藝術的一類，只是多些技藝的成分，通常不被列為繪畫、雕刻之中而已。譬如臺灣工藝研究中心所製造的竹椅，與至今仍在民間使用的傳統竹椅，其間的差別是很明顯的。

至於傳統文化資產這一項，我強調的是價值再創。現在流行的話是「再利用」，不過再利用只是價值再創的一小部分，因為再利用是改變了原有的文化本質，其實是不得已的。譬如在古蹟中開咖啡館，就有廢物利用的味道。如果真正尊重傳統文化，應該把原有的價值予以現代化才好。這是很不容易做的事，所以古建築保存的數量越多，就有越多產業化的困難，因而使古蹟成為文化產業的負面項目。即使由老工廠保存改造的「文創園區」，本身並沒有產業價值，只是提供了文化活動可利用的方便空間而已。

所以「傳藝中心」負擔了相當大的責任。到目前為止，傳藝中心所做的不過是保存而已。能保存，使它們在現代社會中繼續存在，成為觀光的景點，已經很不錯了。下一步要做的卻是如何使它們再度出現在現代人的日常生活之中。

如果非常重視這一部分，傳統文化就應該脫離精緻文化，獨立為一大類，大體上涵蓋文化資產法中仍為現代生活可以容納的一些項目。自文創的觀點看，傳統確實可以視為一種資源。試臚列如下：

傳統空間文化價值的再生
傳統民間表演藝術的再生
傳統民間工藝的發展

其中第一項以古建築與聚落為主體，但也包括附著於建築上的視覺要素、民俗畫等。第二項為無形文化資產的諸多藝術形式，特別是與宗教活動相關的音樂、舞蹈、戲劇與節慶活動等，內容最為豐富。第三項是指鄉土文化中與生活相關的工藝，這是最受國際注目的、有民族特色的創造物。以上三個項目，在創意發展的觀點上是各有著力點的，實不可一概而論。

大眾文化類

前文談過，大眾文化實即通俗文化，如今已成為全民一致的生活文化了。這一部分始自天生就依賴傳播技術產業為主體的文化產品（譬如電影、電視），是最早出現的文化產業。自上世紀後期開始，當代的生活形態有很大的改變，因此產生了新一波的文化產業。總的說起來，接下來所要談的，現代的大眾文化與當代的大眾文化這兩類文創產品，占有文化產業之大宗，對很多國家而言，所謂文化產業就是指這一類。自經濟產值看，這樣的定義是正確的。

「現代」指的是近半世紀以來，「當代」指的是近幾年之內的、當下的。

（一）現代的大眾文化

這是指以大眾為目標、通過現代媒體傳達的、以娛樂休閒為主要目的的文化產品，當然以電影與電視為主要內容，廣播與出版業次之。這一部分的特點是，在產業技術的一面沒有什麼可以容納太多創意的餘地，它的創意發揮場域幾乎完全在於「戲劇藝術的群眾性」上面。其創造方式與傳統戲劇藝術家截然不同，是將原作者、編劇、導演、演員等等凝聚為有效率的團體所產生的集體創作。到了二十世紀後半段，電影加上電視劇幾乎已經是全人類休閒生活中不可缺少的創作物。由此，美國以領先的地位把自己國家的產品傳播到全世界，形成文化上的優勢，使全世界接受美國式文化價值，其力量比軍事占領還要深透。因此引起其他國家的警覺，或者用法律來限制它流通，或者快速發展自己的影、視產業，來對抗這種「侵略」的力量。

至於出版業，是比較古老的文化產業，包含了精緻的與大眾的文化。出版品的製作技術方式是一致的，精緻與大眾的區別在於內容的部分。精緻的是小眾所需要的文學作品，如詩與人文學（humanities）等，大眾的是通俗小說與名人傳記或故事，還有其他大眾化的文學。以文化產業的觀點看，出版業的成敗與產業技術的關係不大，與著作者的才能、題材有關。這一點與影、視的性質是相似的。

這個時代的重要出版物當然是報紙與雜誌。尤其是報紙，幾乎支配了大眾的日常活動。地球由於報紙迅速傳播的新聞而變小了，這個功能也是廣播與電視傳播作用的一部分。但由於報紙的形式是可以直接碰觸、觀看、保存的紙製品，其存在比較容易跨越時間的界限，不像電視或廣播內容，除非特地另行儲存，否則幾乎都只能在播送的當下被獲取，轉瞬即逝，故報紙的效果要宏大得多。有人在廣播中聽到的重要消息，常需要到報紙上去求證，甚至留存。

這裡所談的僅限定於紙本形式的報紙、書籍和雜誌。電子書或新聞網站不在此限。

雜誌是介乎報紙與書籍之間的出版物。它的特點是使用較多圖片來呈現故事的形象，使所報導的新聞更生動、活潑。雜誌是「新聞故事化」的工具，特別有利於傳達影視人物之訊息，特別是已經成為大眾偶像的明星或歌星。只不過它的功能到了二十一世紀就隨著網路媒體興起而逐漸雲消霧散了。

一般說來，現代文化產業的力量是持續存在的。尤其是大眾性非常明確的電影、電視與出版物。大眾性不足的部分則不可避免的日漸衰微了。

（二）當代的大眾文化

高科技社會來臨後，人類文化有分歧化的趨勢，主要因為多元化價值受到肯定，以及新時代傳播工具的進步與轉型。今天的電視不再是當年只能接收三個無線頻道的機器，而是可以提供一百多個頻道選擇的有線電視。在電視機之外，今天我們有更多的電子設備，網際網路成為更方便的傳播工具；人與人之間的溝通，在人手一機的情形下，已經到了無法約束的情況了。這是一個令人眼花撩亂、難以定義的時代。

（三）流行音樂與演藝

在現代與當代均極興盛的通俗文化是流行音樂。音樂文化本身就是廣大的世界。歐洲的古典樂是人類文化的精髓，「古典」只是一個簡化的代號，其實內容自宗教音樂開始，發展到巴洛克與新古典，是自成歷史體系的，只是每個著名音樂家都有獨特的個人風格而已。其精神以高雅取向，早期是專屬於上流社會的享受，但自歌劇開始發展以後，也逐漸大眾化了。這一演唱傳統，到了現代就發展為流行音樂。

流行音樂與演唱藝術的結合，對群眾有龐大的吸引力，到了當代，俊男美女加上少許情色成分，內容不離男女戀愛的主題，因而可以吸引成千上萬的青少年，造就了他們崇拜的偶像。自文化談產業，這是最成功的一環。因此年輕人的夢想不再是學富五車的學者，或叱吒風雲的政治人物，而是成為人人崇拜的演藝人。

（四）數位內容與遊戲

當代大眾文化的焦點是「數位內容」。這完全是新科技的產物。「數位」是新電子技術構成的產業架構，使一切文化元素都可以通過它轉換成數位格式，因而有孫悟空的本領，轉變成各種形態，適應各種用途，最後使消費者可以輕鬆的在他的行動裝置等輕便設備上享用。這是一個偉大的發明，卻使得年少的一代人人成為低頭族了。

數位內容的大眾化，主要項目為電腦動畫與數位遊戲，這兩項已經成為當代青少年的主要娛樂。在傳統漫畫藝術家之外，也增加了數位動漫創作者，努力進攻兒童們的天地。數位遊戲是一種透過螢幕表現的，消費者可以使用手勢與其產生互動的娛樂活動，對於隨時需要消閒的孩子們特別有吸引力。我的外孫幾乎一刻都不能離開它。

動畫與遊戲是數位創作的主流，其次是數位傳播體系的應用，那就是影視與音樂的數位化，以及出版典藏的數位化，都是利用數位技術擴大既有文化產品效能的辦法。文化的產業化，以此為典型。

設計文化類

今天的社會是日新月異的社會。由於科技不斷進步，經濟不斷成長，過去為求生存而操勞的日子，改變為對幸福的追求，因此新時代的生活方式需要不斷的變化以滿足幸福感。在日日新、又日新的需求下，今天最受重視的行業就是設計師，因為他們是生活新方式的塑造者，而設計這個行業的基礎就是創意，如果失掉了創新的能力，設計者就一無所有了。

但是，若著眼於這一行業的產值，卻是少於大眾文化的。因為設計師所服務的對象，自個人到企業，種類極為駁雜，而又以小規模服務業占大宗。在今天這個多元價值的時代裡，每個人都想要追求個性化的生活，大多數人也許會為了娛樂與休閒而跟隨他人花高價買一張流行演唱會的票，可是回歸到自己的日常生活中，他們要的是自己，個人的品味與喜好最受重視。

個性化設計幾乎涵蓋生活的方方面面，其中最重要的是與生活空間相關的設計，在中產階級裡最為個人所重視的設計是室內設計。在現代主義流行的時代，室內設計原是建築的一部分，當然由建築師一體包辦，可是多元價值的時代來臨後，建築內、外一體的觀念就打破了。因為現代建築中專為個人設計的獨立住宅數量有限，只有豪富才有可能獲得，大多數人只能居住在集合住宅之中，或由開發商所興建的住宅群，因此外觀千篇一律或迷失在大廈裡，是最普遍的情形。所以後現代以來，室內設計漸漸成為一門獨立的行業，足以和建築師分庭抗禮，甚至更受業主尊敬。

建築設計同樣要求獨特性，不再尊崇刻板化的理性原則。在過去，一座高層公寓只是很多住宅的集合，今天則要把整棟大樓當成一個產品來設計。最適合發揮建築想像力的對象是文化類公共場所，越是文明的國家，越能接受怪異、新奇的公共建築，吸收大量的當代文化愛好者，與好奇的觀光客。

對生活之精神面影響最大的是產品設計。生活中必要的器物，以室內空間為背景，是品味生活時的主角。這些東西不大，但作為文化產業，因為是種類無窮的商品，其產值卻最有發展的可能。這些產品裡的精緻者可以視為藝術，但卻是有用的藝術，家具就是很好的例子，所以生活設計類幾乎可以與現代工藝相通。

當然，在所有產品設計中，特別有產業價值者為服飾設計，特別是女裝及其附屬配件。前文說過，由於時新的追求，有品牌與時尚兩大因素，促使服飾設計成為最有產業價值的產品。

在空間設計之外，是所謂的「視覺設計」，這是指現代生活中目之所見的一切。我們走在大街上所看到的招牌，或商店櫥窗中的陳設，五花八門，令人眼花撩亂。在商業掛帥的時代，放眼看去，都與訊息之傳播有關，為了吸引我們的目光，連書籍的封面與內頁，都有特別設計的需要。這當然也包括廣告設計在內。大體上說，視覺設計是指在現代生活中飄然而過的一切東西，不是生活本身，卻與生活息息相關，如報紙與書籍一樣，也是大量人力物力投注的場域。

總之，大體說來，生活設計類可以分為空間設計、視覺設計及產品設計等三類。設計類文化產業雖所占比例不大，但對國民素養的影響最大。我國的文化有擅長設計的傾向，領先世界各國，政府應該特別留意，予以大力發展。

第五章 文創產業的基本動力

感官的需求

凡是一種產業，必然是為了滿足人類某種需求。人類歷史上在所謂「文創」尚未出現的時代，我們可以很清楚地指出產業存在與發展的目的。以人類最基本的需求來說，衣、食當然是最高優先，所以在觀察傳統社會時，就是以食物的生產方式為主要分類原則。我們說農業社會，遊牧社會，漁獵社會等，都是以食物原料之生產方式來界定其社會性質。由此可知，產業存在的最高目的是求生存。

自基本的生存條件再進一步就是文化了。有了食物，連帶的要解決衣的問題，用以蔽體、禦寒。滿足了生存的需求之後，接著就要追求感官上的滿足，也就是要穿好、吃好。「穿好」指穿起來像樣，「吃好」指吃得順口，這就是品質問題了。所以產業文化的第一章，就是美味與美色，它的原動力是美感。各種不同產業的社會，會自其不同的生存所需原料中找到配合感官需求的方法，這是世界各民族的衣食文化各有其特色的原因。

自此而後可以看出各民族在產業文化上的發展，大體可分為兩個方向。其一是感官方面要求的提高，亦即在美感上不斷提升。這是全球性的趨勢，因為上帝為人類設定的審美機制並沒有因民族的不同有巨大差異。其二是各民族在獨特文化上的要求。古人說「衣食足而知榮辱」，榮辱就是基本需求之外的附加價值。同樣都是可以禦寒的衣服，有些代表榮耀，有些代表恥辱，這些價值觀都是該民族在特定的生活史上發展出來的，別的民族並不完全理解。我也許過分誇張那句話的原意，但在產業文化上的分歧應該是不會錯的，這是我們今天所看到的各民族文化產品多采多姿的主要原因。

說到這裡，可以知道「衣食足」是文化產業發生的源頭。物質的需求滿足了，下一步就是感官的需求，這是追求美感的開始，再下一步是精神生活的提升。所謂精神生活是指閒暇時間人類思想領域中的活動，這是文化的高層，領域是廣大而無邊際的。藝術這種與物質生活完全不相干的產品就這樣產生了，而且很快就成為文化水準的指標。這是最早期的文創產業，全是自藝術家的腦袋裡產生出來的，屬於悠閒的階級。大多數忙著填飽肚皮的無產階級，與這樣的文創是沾不上邊的。

變動下的社會需求

文化的產業化當然要自商品化開始。以食品為例，北方人吃饅頭是中上家庭用餐的習慣，平時也很注重做法，蒸出可口的饅頭供家人享用。但是有人要以賣饅頭為職業，把饅頭當成商品，做法就更要考究了。生意要成功，必須合於大多數人的口味。為家人自用，偶有失誤可以忍受，但放到市場上就不能失敗，要人人讚好才行。這只饅頭不但要口感良好，有筋道，有麵香，軟硬適中，而且看上去白潤光潔，易於入口才好。

由此可知，家用饅頭與商品饅頭之間，有一個差距，就是後者要能引起大家食欲，當然也要可口，吃過還想再吃，怎麼做到這一點？需要一定的才能。用今天的話說，就是要有創意。笨媳婦不可能做出讓公婆讚不絕口的饅頭，更不用說商品化了。

藝術市場不屬於創意產業

商品化是文化產品的重要里程碑。在此之前，創意所得的成果是藝術，不是產業。我們知道，以畫家來說，他的事業是不斷創新的畫作，沒有考慮到一時的經濟價值。越是用功努力的藝術家，越不考慮市場，所以他們都要另覓經濟支持。「為藝術而藝術」是成功所必需的態度，所以在生活上要固窮。有些熬不住的畫家，很容易淪落為替遊客畫像的街頭畫家，為三斗米折腰。這就是為什麼世界各國政府都對藝術家提供資助的原因。

今天的文創界總認為藝術可以成為產業，是看到大畫家的作品在市場上的價值節節升高的事實。大家總覺得這些作品是創意的成果，因此才會成為高值的產業。我認為這是錯誤的看法，藝術品在市場上的價值大多是人為操作的結果。那是因為在上流社會中，藝術品是一種地位的象徵，在拍賣場上互別苗頭，以高價爭取藝術品，是一種以財富來尋求自我價值肯定的方式。由於這些藝術品的價格已遠超過大眾市場的標準，它並不是文化產品商品化的一部分。因此，藝術品的價格並不是「產業化」的結果，並不能視為文創產業的一類，因為它不是可以用正常方法，以創意來推動其產業化的。

世界各國都會提供補助，希望「為藝術而藝術」的創作者可以堅持立場，把才能發揮到作品的創新上，希望有一天這些作品可以為藝術評論家所讚賞，進而國際化，為國爭光。相對於此，他們的作品的產品價格並不是很重要的。至於如何把成名的作品產業化，就完全是另一個課題了，與藝術家的創意毫不相干。甚至與早期的有閒階級的精神需求也不相干了。

普遍的審美品味取代少數的地位象徵

中產階級精神需求的普及化，是促成文化創意產業化的重要力量。這是歐洲國家支持文化產業發展的主要原因。文化產品逐漸拋開地位象徵的成分，改以審美品味為創意的主體，因此為歐洲的文明奠定了基礎。即使是勞工階級也由於工會組織的傳統，把中世紀求善求美的精神傳承下來，為十九世紀的學者如羅斯金者所稱道。可是到了工業化來臨，手工為機械所取代，勞工階級的精神力量就消失了，他們只能為物質生活的需求而奔波，到十九世紀已經有再教育的必要。

歐洲現代工業的來臨，實際上就是把當年手工藝時代的精神需求，應用到機械工業產品上面，以恢復創意中的審美品味。也就是使工業產品同樣可具有手工時代的精緻與耐用的美感。所以包浩斯的教學中強調工藝的美感，直到今日，德國仍然是現代產品標準最高的國家。他們把機器的運作、機件的構成、使用的利便、外表的美觀綜合為一體，使機器成為另一種藝術品。審美的精神需求成為一種潛在的力量，使他們在產業上永遠領先。

在文化比較落後的國家，如美國，承襲了歐洲的精神需求，卻只限於來自歐洲的資產階級。普羅大眾沒有經過手工藝的薰陶，必須經過漫長的教育歷程，逐漸提高其精神需求。美國經過近兩百年的經濟的發展，成為世上第一強國，其國民的精神素養也跟著緩慢的提升，逐漸與歐洲的品味相聯結。但因為其領域廣大，種類繁多，文化背景多元，所以才有大眾文化之產生。

美感範疇急速擴大

精神需求的普及化，來自中產階級的擴大，是因為二十世紀中葉以後，世界各國經濟快速發展，其效果不僅使民主化後的國家普遍富庶，而且使中產階級體會到滿足精神生活的需要。勞動時間普遍地減少了，每週工時減少到五天，而少數國家甚至只要四天，每天八個鐘頭有時也只是形式，每年還有四至五次的假期。換言之，二十世紀後半的文明人，休閒的時間遠超過工作的時間。剛開始時，不工作就是享受，久而久之，閒暇就成為生活的負擔，那就是無聊。

「boring」是六〇年代以來，富裕國家要破除的精神障礙。要怎麼做才能找回精神的滿足呢？

上流社會並沒有基本的困難，他們只要不斷在藝術中享受美感就可以了。對於進入富庶的大眾，問題就沒有那麼簡單了。他們要力爭上游，若能進入上層社會，當然也可能解決問題，但為數十分有限。他們只好在物質生活中尋找精神的出路，也就是擴大美感的定義為感官的愉悅。一般說來，美感是來自感官的正面反應，這是大自然為我們準備的本能。但在文明發展中，感官就被窄化為視覺與聽覺，美感的高貴性就確定在眼睛與耳朵上了。這就是美術與音樂被視為高尚藝術的原因。

對於一般大眾，這樣對美感的解釋是不夠的。因此把感官的需求向欲望靠攏是必然的。所以味覺與嗅覺就自然成為比較重要的感官，並逐步向獸性的興奮移動。這就是運動取代表演藝術、遊樂園取代博物館為最受歡迎之活動的原因。也是英國把體育納入文化部的原因。到二十世紀末，美感之解釋擴大了，包括一切令人感到活著有意思的活動。其中當然會有高級美感的範圍擴及藝術之外的現象。

大眾文化的動力：感動與刺激

大眾文化的動力是什麼呢？

那就是不計社會階級的品味，不計民族背景的偏好，不計個人獨特的嗜好，所找到的一種吸引力。可想而知，這種吸引力是很接近生物本能的，非常物質主義的。住在洛杉磯的一個中國人與一個墨西哥人，互相都很難溝通，他們過著完全不同的生活，有完全不同的價值觀，為什麼可以共同欣賞好萊塢的電影？而這些電影原本是為美國的白人所拍攝的，內容又多是白人的故事。很顯然，電影故事中所呈現的是美國人、中國人與墨西哥人都很樂於接受的內容，而且可以深受感動。

感動就是高級美感擴充的一個範疇，也是文學與戲劇類作品的美感核心。視覺的美感是剛性的，也就是理性，是有科學基礎的；而詩文之美則是以心頭的悸動為追求的目標，所涉多為喜、怒、哀、樂等情緒性的內容，故可以稱之為柔性的美感。由於這種感覺幾乎是生命現象，與「美」未必相關，所以文學家利用他們的想像力，把感情的起伏聯結生命的故事，構成悲、歡、離、合等情景，以發抒抑壓已久的情緒，而產生舒暢的感覺。這種無形的美感比較視覺形式的美具有更廣泛的普及性。

其實不必向深層發掘即可知道，他們的工具是愉快的感覺，以及懸疑的戲劇性，那就是刺激。

感情愉悅莫過於男女的戀愛之情。戀愛是每個人的經驗，有成功、有失敗，集喜怒哀樂之大成。幾乎沒有人對於戀愛故事沒有感情反應的，尤其是以俊男美女為主角的故事。所謂「故事」就是戲劇性，那是戀愛故事的背景，好像戲劇上演時的舞臺。這個背景是大家所陌生的，非日常的，因此其吸引力因新奇感而增強。大眾性在此條件下仍然有雅俗之分，只是在以統計人數為訴求的商業社會裡，雅俗已不是關注的焦點。可是為什麼要強調文化呢？不是指精神生活的品質嗎？所以談到大眾文化仍然要深入的了解一下雅、俗的分界及其與產業間的關係。

我對大眾文化的定義是雅俗共賞的文化。這就是說，我們要承認世界上沒有一個完全同質化的大眾，要使一種文化產品為大多數人所愛好，就必須在作品中注入多元的價值，使之為各種群眾樂於接受。自注重品味的人士，到注重感官刺激者，各種文化性格上與素養上的差等，都可以容納在此作品呈現的價值中。

一部藝術電影是以其「雅」的水平來決定其藝術性，但藝術性不能保證其銷售的能力。所以一般的電影總是以普遍的大眾品味，加上其主要目標觀眾的美感素養為標準。到今天，由於中產階級已成為大眾的主要構成分子，相當程度的藝術性已是非常必要的了。臺灣的電影如果想以國際華人社會為觀眾，過分鄉土味是達不到目的的。使用的語言一定要考慮翻譯後不會失去原味的可能性。文化產品的動力是對大眾的吸引力，不是鄉土感情。

本土文化的動力：古風與鄉愁

那麼本土文化的動力在那裡呢？

嚴格說來，鄉土文化是本地人的感情所寄，對產業並沒有什麼促成的力量。這就是為什麼當我們鼓吹古建築保存的時候，會遇到那麼大的阻力。老實說，今天民間主動要求保存、維護古蹟的力量，實際是來自法律上允許古蹟經登錄後，空間容積可以轉移，因而產生的利益所造成的。也就是說，古建築的感情價值對一般國民來說是有限的。

所以我們可以了解，鄉土文化的產業價值主要來自於歷史性與獨特性。它們是在古代的特殊條件下產生的，不但傳承了更上代的歷史，也結合了當時的特殊條件，是一種「奇觀」，今後不會再出現的，這樣的歷史獨特性就是吸引觀光客的動力。而近年來政府盛倡的古蹟再利用，並不是文化產業，而是一般房地產之用途而已，不可能創造更大的產值。

可想而知，鄉土文化的觀光價值必須累積到一定的高度才有作用。一個小村落中的文化對當地人可能有一些記憶的價值，但對遠方來的旅客並沒有足夠的吸引力，這是為什麼全世界都在擴大文化資產之規模的潛在原因。以古建築為例，早年只限於單一的重要建築，後來逐漸擴充為市街、鎮市，就是把鄉土的傳統建築文化累積為一歷史的觀光資源，以便較容易創造產值。德國的「浪漫大道」就是串連了一系列的中世紀山城而構成一熱門的古蹟觀光帶，全長達三百五十公里。如果只有一座小城，恐怕就沒有多少遊客來訪了。

除了好奇心的動力之外，不可否認的，古城有一種美感是現代城市中所不存在的，那就是當地建築工藝與材料的特有美感。傳統建築匠師不求創新，只是在有限的資源內找到理想的解決辦法，所以有自然的秩序與統一感。歐洲古市鎮的紅瓦、斜屋頂，因建築的多種功能而呈現出高低、大小、寬窄不同的變化，構成美麗如交響樂似的畫面。這一類的鄉土獨特美感，反應在每一民族的古建築群中，另一最佳的例子，是中國江南的文化反應在徽南古老市鎮上的動人景觀。綜結的說，奇與美是鄉土文化的產業動力。

但是鄉土文化的價值，最重要的仍然是懷舊的價值。就像我們懷念父母一樣，對於過去的文化，一方面必須拋棄以求進步的生活，一方面則不能忘記我們的源頭，有趣的是，越是現代化有成，逐漸擺脫貧苦的過去的人民，對於傳統，越有懷舊的思念。因此在產業化方面，懷舊成為一種動力，看我們如何加以利用。

懷舊是一種本土性的力量，其對象是本地人士，所以在產業上的貢獻是有限的。這種力量可以用來促成地方文化的保存，擴大觀光產業，對地方人士而言，其意義幾乎全然是精神上的，也就是涉及到生活文化的產業化。這是因為鄉土文化之中包括了傳統工藝在內。

生活文化的動力：美感、功能、利便、價格

下面讓我們談談生活文化的動力吧！

在過去，這是一種不被視為具有產值的文化範疇。因為所謂文化在人類學的定義上，就是生活方式，而各民族的生活方式都是自然產生的。這樣的文化產物其實是生活的一部分，在必要物品的生產上，除了供應日常需求外，實在沒有可能想到與社會經濟相關的文化產業。怎麼想到把它們商業化呢？有兩個新的因素是促成的重要條件。

其一是產品的廠製化。過去的生活用具十之八九都是手工製造，有時甚至是家人自製。早年連衣服都是自紡織成布、染色、剪裁、縫製成形，都是家中女性成員的工作。工業化時代開始，布料的織與染由工廠製作，其他仍由家人完成。現代化之後，衣服的縫製也由工廠完成，到今天，我們全家穿的都是買來的成衣，衣著就成為一種產業了。

第二個因素是設計師的介入。在古代，有「裁縫」這種職業，但其工

作是技術性的，在主人的指揮下作業。只有在進步的西方國家，其貴族階級的衣著，特別是婦人們，有相當於設計師身分的人來創作式樣。這種設計的觀念到了十九世紀已為衣物製造商所採納，除了為大量富家女性服務外，也公開出售，以供應中產階級的市場需要。因為有了設計師的介入，幾乎沒有不可能的事了。

設計時代的來臨，意味著過去的文化的教條都不存在了，生活方式已沒有限制的條件，完全由個別消費者所決定。從另一個角度看，世上各民族的文化傳承不再被視為規範，而是龐大的資料庫，供設計者自由取用。這是一個失去共通準則的時代。

設計時代的來臨，設計主導的產品其動力又何在呢？

設計涵蓋的範圍十分廣泛，一般包括建築設計、室內設計、產品設計、視覺設計、裝飾設計等。大體說來，前三類設計屬於設計的正宗，習慣上以功能加美觀為衡量的標準，但建築設計與室內設計是以空間為對象，一次設計只能造出一件產品，這種產業化的過程較接近藝術創作，故略過不論。視覺設計與裝飾設計為純美觀之設計，與流行有直接相關性，在功能與象徵上所占之比例則甚少，但由於這種類型在現代社會上需求量甚大，因此也不能輕忽。

產品設計類則是現代社會中文創產業之主流，雖然其產值尚無法與影視與流行演藝相比，但因其貼近生活，對現代生活精神面之影響遠過於娛樂休閒類文化產業。這是世界各國特別重視產品設計的文創價值的原因。

由於日用器物產業化的市場可以輕易地經由商業體系達到全球化水準，所以產品設計的首要動力就是現代生活中的功能與利便。產業化之後的售價要大眾化，合乎中產大眾的經濟能力，這也是成功的要件。當然，在外觀的條件上也要合乎中產階級的美感原則。這就是IKEA之類百貨系統可以遍及全世界，且有龐大利潤的原因。

現代主義的美學，以素樸無華為主，因此其製作過程簡單，成本大幅降低，又符合都市上班族的經濟條件。這是現代文化產業化的標準過程。美國另外有一種以郊區住宅為主的文化群體，他們的美感需求則是屬於裝飾繁複的、低品味的產品。所幸這類產品的需求量也大，同樣可以用機器大量生產，符合市郊居民的經濟條件。只是這樣的文化水準為文化界所不取，因此歐洲人不免輕視美國文化的水準。

在生活文化中，最有當代性的莫過於「數位內容」。近年來，人類的生活已漸虛擬化，網際網路無遠弗屆，手機又成為接受訊息、溝通的輕便工具。生活文化數位化是必然的趨勢。這一部分，由於正快速發展中，因此不在本書討論的範圍內。同時，由於其時代急迫性，政府可以適時插手。這是民間企業自發的範疇。

到今天，數位遊戲與動畫已非常普遍的占據先進國家兒童的閒暇時間，這表示，此部門早已具備足夠的產業化動力，甚至到了需要我們警戒的階段了。

數位內容的本身是科技的創造，原不應被視為文化產業，它是一個產業架構，怎樣在文化上加以利用是值得思考的。在這個架構上所傳遞的文化產品，其價值應以文化判斷的原則來衡量，就像電影、電視一樣，所呈現的內容才可能是產業。自此著眼，數位內容在文化上，應該歸類於大眾文化產業類。

第六章
怎樣推動文創產業

形式與實質的落差

在前一章中，我們討論了文創產業的內在動力。知道了動力之所在，推動的方法應該就一目瞭然了。那麼寫這一章的意義何在呢？

在本章中所討論的是政府的政策。老實說，文創產業如此被大家所重視，實因政府大力鼓吹的緣故。政府自十幾年前就開始模仿英國，把文化創意產業列為經濟發展的主要項目，民間因此就跟著熱鬧起來了。只不過，嚷了這些年，卻看不出有什麼發展而已！為什麼沒有成效呢？因為政府沒有明確的政策。這樣一種前所未有的產業，如果政府在政策上沒有作為，當然是不容易有實效的。這些年下來，政府做了些什麼呢？

最重要的工作就是立了一部《文化創意產業發展法》。在我看來，這部法律對文創產業的推動是沒有什麼作用的，它只是對文創產業的意義、文創產業應得到的補助、應設立一些補助機構、租稅優待等等事項予以法律的位階，但都不能協助政府規劃正確的文創政策。讀了這部法律，予人的感覺，如同一位嚴厲的父親為了子女的教育有些不知所措，有一天下了決心，定下了對子女求學成果賞罰的規則，希望他們遵守，卻沒有了解他們目前有何困難，告訴他們努力的方法與方向。幾年過去，孩子們並沒有長進，卻怪他們沒出息。他不知道，要孩子們順利升學成功，應該要他們讀補習班，或請家庭教師。對於文創產業，發展法只是在形式上的鼓勵而已，幫不了什麼忙。

立法鼓勵的方法也許對其他的產業有用，但對文化產業卻未必有效。因為文化創意產業是以人的好惡為基礎的，與其他純物質主義的產業截然不同。其他產業可以用物質需求來衡量，一個產品的成敗幾乎可以在生產之前就予以判定，可是文化性的產業，卻因精神需求的不確定性，很難評估其可能的成敗。所以，要幫忙其他產業，政府只要在他們需要資金的時候伸出援手，問題即可解決。而對文化性產業，必須有細心的評估，甚至要幫助他們做成敗的判斷，或幫忙找到可以成功的方向。這就是在過去各國政府都不會插手文化產業的原因。

產、官、學三元結構

有系統的，以研究學問的態度去深究，對於文化產業的發展是有必要的。這就是所謂「產官學」聯合行動的意義所在。產業界要有野心去開創新的天地，如果他們只打算從事代工，很安全的賺幾個小錢，不肯冒險投資，文創是發展不起來的。在產業上落後的國家如我國，只靠民間企業有這種想法，還是不可能成功。很明顯的，他們需要政府的大力支持。可是很少有民主政府大力幫忙某一種產業，因為每一種產業都認為需要政府的支持。何況文化相關事務本來就應該是民間自發的。

所以「學」就不能缺少了。學所代表的意思有兩點，其一是知識，也就是創意。文化產業如歸類到「知識經濟」裡去，那就是把文化當成學界的一個門類。但最重要的是第二點，就是學者分析、研究的功能。對文化產業來說，其創意大都來自藝術家，與學術沒有直接關係。但是對各類文化的性質加以分析，找到產業發展可以成功的大方向，同樣是學者的任務。

讓我把這三者的關係畫出來，再作討論。在這張表上可以看出來，正常的情況應該由產業界啟動，政府與學界是兩個支柱，支持產業大力發展。西方國家大致都是如此。如果產業界沒有自發的動力呢？就只好靠政府了。

政府有兩隻手，一隻是法規，一隻是政策。要支持某一產業，為了避免造成政治上的對立，只好經由立法的方式，在議會中充分討論，制定條文。這個方法對文化類產業是很不利的，前文已經談過。即使有了法規，也只能是原則性的規定，對真正推動事業發展的助力是有限的。比較有效的是政策，也就是政府的領導人以其眼光與理念決定發展的方向，結合學界的力量與產業界的實力，有效地推動起來。韓國政府在全體國民民族主義精神的支持之下，有力地推動文化產業政策，沒有幾年，一股韓流就在國際上川流不息，造成很大的影響。其成功之契機，與有效的研究以及奠立正確的發展方向是有相當關係的。

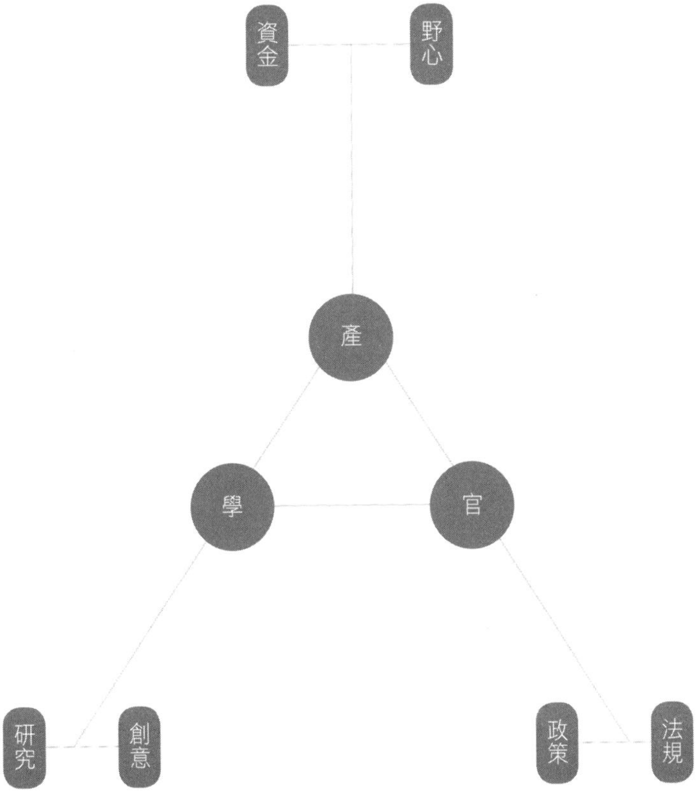

圖三 創意產業「產、官、學」關係圖

學界的角色：投入研究尋覓國際優勢

要通過深入的研究找到的是什麼呢？

專家告訴我們，要找到自己的優勢。所謂優勢就是我們在文化上勝過其他國家的條件。認真地去談產業，一定要想到國際競爭，只有那些可以在國際上與其他國家的產品一爭長短的產業，才值得我們去注意。談文創，只看臺灣就太小家子氣了。我常聽所謂文創工作者動不動把美術館的賣店產品作例子，這種小生意確實很有趣味，也算得上文創，卻是可以忽略的。

我的朋友幫我辦過幾次書法展，曾有兩次有文創單位要我授權，取一二幅做為杯子上的裝飾。這兩次我都看過成品，但都不好意思要他們送我一件做為紀念，因為我知道這類東西是沒有多少銷路的。若把這類產品當成文創產業，我們的文創業還有發展的前途嗎？不錯，可以積少成多，但如果不把眼光放遠，當作國家政策又有何意義？

我們又聽國內的專家說，我國有很多優勢，等待我們去發揮。天哪！這些優勢在哪裡？為什麼沒有人明確的指出來呢？為什麼外國的專家對我們的優勢不太樂觀呢？

這確實要回頭認真思考我們對文化產業所抱的期望。我們要不要如專家的意見，把文創業放在國際市場上？要不要讓文創產業擔負起國家經濟成長的重要支柱？還是我們認為國際競爭的事情讓高科技產業去負責就好，文創產業只要刺激一下國內經濟就可以滿足了？在國際的文化產業市場上，文化的強烈地域性是一種障礙，對我們而言，鄉土感是溫馨的。只要自我滿足就可以了嗎？

如果我們希望文創在國際市場上有健全的發展，就必須放棄太多的鄉愁，如同戰士一樣放手一搏。這樣一來，就需要分析我們的優勢所在了。

要怎樣開始分析呢？第一步就是將文化產業分類，這就是為什麼英國人先把創意產業分為十三類的原因。這樣細分當然是很好的，卻不利於運作，所以我贊成以性質相同者歸為一類，如此可以減少類型，比較容易分析操作。

如何歸類呢？我們在第四章已經討論過了，是以其訴求的對象、產出的形式、創造的方法等相近似者為一類，這樣以來，十三類或十六類就可減到四、五類了。為了便於討論，我們再把這幾種分類表列出來。

由於我的目的是便於作進一步分析，因此這裡的分類法與前文略有不同，也就是把每一類的內容再細分三項。這三項分別為：

第一項：主要的目標群眾

第二項：產品呈現出來的形式

第三項：吸引目標群眾的要素

- 一、標準文化產業
  - 大眾媒體的觀眾與通俗讀物的讀者
  - 媒體的傳播方式與大量出版物（欣賞）
  - 以性愛與暴力為核心的懸疑式故事
- 二、生活設計產業
  - 中產階級的社會大眾
  - 生活器物與衣食相關製品（擁有）
  - 以美與感官刺激為主的造型
- 三、傳統文資產業
  - 中上階級的社會人士
  - 文化資產原貌的保存與呈現
  - 以古風貌與鄉愁為主的呈現（觀光）

表三 五大文創產業分類表

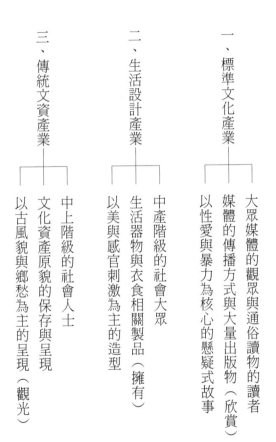

四、表演藝術產業

- 古典類
  - 中上階級之民眾
  - 藝術家之現場表演（欣賞）
  - 以美感與新創為基本之呈現
- 通俗類
  - 以青少年為主之大眾
  - 俊男美女之聲光秀（欣賞）
  - 性愛與感官刺激之呈現

五、視覺藝術產業

- 古典類
  - 中上階層民眾
  - 創作品之直接呈現（欣賞、擁有）
  - 雅致、美感與新創形式之講求
- 通俗類
  - 一般大眾與兒童為對象
  - 遊戲性與玩具性之作品（欣賞）
  - 以休閒趣味與樂趣之創作呈現

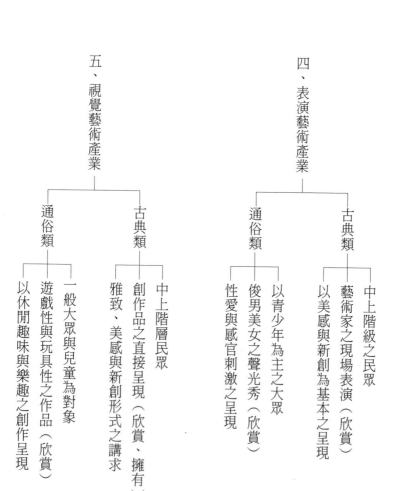

為了這樣的目的所作的分類，共五大類，在第四、第五類的表演與視覺藝術類中，再以古典與通俗分為次類，故全部共有七類。我已在這七類的下面分別寫出了三項的內容；當然這是我的理解而已，文化界的學者也許未盡同意，這就是我所說需要學者研究之處。

這個表大致完成之後，我們可以按各類項作些SWOT分析。進行初步了解。這一步留待後文再討論吧！在此我們要先看標準文化產業中的影視產業。

SWOT分析又稱為「強、弱危機綜合分析」，這是一種事前評估作業，交叉分析企業內部的優勢（Strengths）、劣勢（Weaknesses）、競爭市場上的機會（Opportunities）和威脅（Threats），以制定發展作戰策略。

影視

如果我們以國際市場為目標，我們的優勢在哪裡呢？我們可以不顧國際市場，只以臺灣觀眾為目標觀眾嗎？這就是第一項所要討論的事情。

這要看製作者的眼光，其實政府的權力在這個起始點已經要介入了。不要說影、視的內容了，即使是最基本的東西：語言與背景，就可以看出製作者的理念所在。如果製作者是一個愛鄉的本土主義者，他可能是一個藝術家，希望自己的作品可以引起本土讀者的共鳴。我在臺南藝術學院的校長任內，鼓勵影視藝術的發展，其目的就是造就這類藝術家。他們的作品可以向政府申請補助，完成後可以在光點臺北電影院放映，甚至在國際上獲獎。可是作為一種文化產業，必須想到大眾媒體的觀眾。

自此，製作者可以把觀眾設定在臺灣一般大眾。臺灣近五十年來，由於政治環境的變化，在感情上有「內向化」的趨勢。過去日本人對臺灣實行五十年殖民政策，例如皇民化運動等等，使本土文化留下種種受挫的情緒。光復後的國民黨政府也沒有讓本土文化恢復主人的地位，甚至使它感到受壓制的情緒。因此到了完全開放的今天，不免希望排除外來的影響，把本土的風味充分的表達出來。臺灣的影、視節目中比較精彩者都是採用本土素材，表達本土風味，這是可以想像得到的。這是鄉土主義的文化觀，味道濃郁但對外人有排斥性。

如果希望如同韓國一樣走向國際化路線，成為充滿競爭力的文化產業，必須由政府作成決定，並不是禁止內向情緒的發展，而是大力鼓勵國際化的製作，首先把目標觀眾改為國際人士，也就是不熟稔臺灣鄉土文化的觀眾。試金石是語言。如果把劇中的臺語改為國際語言，又不會減弱劇中故事給予觀眾的感受，大致就可以突破文化相異的界線了。動人是最重要的，然後是藝術氣氛。

考慮過目標觀眾之後，則要考慮表達的內容，也就是第三項所要討論的事情。

在大眾文化的範疇中，內容是不能走極端的。政府通常必須維護兩個原則，才能使影視內容既受大眾歡迎，又不會受到傷害。

首先，對大眾最具普遍吸引力的莫過於男女之情，所以戀情甚至色情是不可少的故事核心。只要是在大眾媒體上出現的故事，應該以贏得淚水的戀情為主，聰明的作者有時會讓作品沾染少許色情意味以提高吸引力，卻不可逾界，純然引發興奮的色情是不被允許的，這是政府必須維護的原則之一，藝術家也許對這一點不盡同意，但卻是必要的。

其次則是暴力的故事。人類天生的劣根性之一是破壞性的殺傷力，這就是歷史上征服性戰爭層出不窮的原因，當然也是暴力的故事深受大眾所喜的理由。同樣的，政府應該允許以暴力為主要內容的作品向大眾推銷，但也要注意開放的界線，以不至於鼓勵兇暴的行為為原則。怎樣使觀眾既過了兇暴的癮，同時能約束自己的行為，做為善良的國民，是其創作的要點。為什麼武俠片非常受歡迎？就是滿足了以善良為目的，又以兇暴為手段的大原則。

設計

其次，讓我們看看生活設計產業。

這是內容涉及非常廣泛的一大類，卻因為其項目繁多，又屬於生活的細節，反而不會特別引起大家注意。在我們的生活中，為了生存的利便，文明創造了我們眼見的世界，我們張開眼睛所見，幾乎都是創造的產物，而且都是必需品。每一樣創造物都是設計的成果，都是為滿足生活需要而生產的，所以每一個物件都包括至少三種功能，是我們所應先了解的。

第一，實際的需要，譬如飲水需要器具

第二，文化的內涵，譬如中國的茶具

第三，美感的要求，譬如特殊造型的茶具

第一項是指生活的基本需求。凡人都需要喝水，喝水都需要器物，但不同的族群使用不同的飲水用具。文明民族大體都用杯、碗之類，是經過長時期演進而逐漸形成的技藝及器形。所以飲水的器物要反映在不同的文化中才有具體的形狀，代表了文化的意義。

飲茶是以中國文化為核心的「飲的文化」，這種文化經過千百年的發展，才從茶碗發展為茶杯。中國茶道傳到日本，那裡至今仍用茶碗，而中國自明代以後漸改用茶壺與茶杯，而且演變為小型茶杯。有了茶具之後，就有第三項的美感要求。日本人把中國宋代的建窯碗視為美物，稱之為天目碗，並成為陶藝創作之典範。中國的小茶杯則發展為宜興的小陶杯與景德鎮的精細瓷杯。由於飲茶者的精神需要，茶杯漸成為一種藝術品了。

有了這樣的理解，可知設計產業與國民素養是直接有關的。國民有美感的需求，日用器物才能成為一種產業，而創意可發揮之處在於功能與美感的提升。以目前臺灣人民美感素養的情形看，想以本土民眾為目標來開發創意產業是不可能的。照理說，一群美感水準不足的人民要想生產高度美感的器物，賺高度美感素養人民的錢，似乎也是荒唐的想法。

今天還有人提倡生活創意產業，是因為國內尚有相當數量的設計者存在。他們是怎麼來的？是從學校訓練出來，又被送出國去留學，學成回國後卻未被國內人士所用。這是當然的，設計者只有在被雇用時才能有工作的機會，只有在被信任時才有發揮創造力的機會。在一個不重視美感的國度，怎能給設計者充分發揮的空間！所以我們確實有些設計師一直在等待機會，如果長期不給他們機會，他們的設計能力也就慢慢消失了。

回頭來再談談文化的內涵。如果當年日本人沒有到中國來學到喝茶，怎可能學到茶碗的藝術？所以生活文化產業與生活方式是完全相關的。作為一種產業，必須是很多人必備的日用品，如果是異國的產品，也一定是全世界都已經普遍使用的生活用具。以吃飯的用具來說，筷子只限於東方人使用，刀叉雖為西方餐具，但已經在全世界流行了。若想把創意用在餐具上，設計新穎的刀叉所可銷售的對象要比筷子的範圍廣闊。當然了，使用筷子的人數比使用刀叉者多，但是筷子是一種造型原始的工具，大多數人並不期待它有甚麼特殊設計，刀叉則可以有很多種變化。因此，選擇創意商品時要考慮的條件是多方面的。

表演藝術

接下來讓我們談談表演藝術。

前文曾經談過，表演藝術是文化產業的源頭。既然是表演，不論是戲劇還是音樂，都是藝術家自身施展本領展現在眾人面前。有了現代傳播技術，就可轉變為產業，但是表演藝術的演員與觀眾的劇場形式仍然存在。

這是因為中上階級的、愛好藝術的觀眾仍然喜歡劇場形式的休閒生活。在精神生活中，這是一種高級的享受，自歐洲十九世紀以來，就是上流社會社交與打發時間的方式，富於美感的表演內容當然是最重要的。很明顯的，要想在傳統表演藝術上創造產值，最重要的是培育藝術家。藝術家指的是具有才能的個體藝術家，還有以團隊為單元的藝術家組合；前者如音樂獨奏家，後者如劇團。

在現代社會中，有了這樣的藝術家並不夠，除了要把他們的才能發揮出來，還要有人把他們推銷給社會，這就是我們常聽說的經紀人。階級意識在今天已經很淡泊了，如何讓更多人願意接受藝術的洗禮，提升自己的品賞水準，有必要利用現代的傳播工具，以聰明的推銷手法去達成。如何使一位鋼琴演奏家，單槍匹馬，在國家音樂廳吸引滿座的聽眾，實在需要經過特別訓練的人才。

至於通俗類的表演藝術，由於藝術家是青少年的偶像，大多數是俊男美女，又大多為大眾媒體所樂於推捧，其產業化是當然的。所謂當然，是指這些年輕表演者進入此一行業，自始就是為名利而來，就與媒體搭上關係，屬於大眾文化的一部份。在先進國家，沒有政府會介入此類文化，商人早已搶先去爭取機會了。從我的保守觀點來看，流行音樂之類實在不必視為正宗的文化，它只是孩子們的娛樂而已，沒有必要再予以提倡。臺灣以文創之名，為流行音樂建劇場，實在是錯誤的政策，流行音樂的觀眾動輒以萬計，使用體育設施就可以了。他們的場地沒有必要考慮嚴謹的外觀，不必做細密的聲學規畫，只要揚聲器忠實地把聲音放大，讓舞臺上載歌載舞的景象清晰地投射在大螢幕上，觀眾就很滿意了。從產值的角度看，流行音樂勝過正宗音樂豈止十倍百倍！但是它絕大多數只能鼓舞青春氣息，對國民素養並沒有任何幫助。

視覺藝術

最後，我們簡單的談談視覺藝術

正宗的視覺藝術是指繪畫與雕刻，它的特色是強烈的個別性。不但藝術家要有獨特性，以個人名號成功立業，其作品也要有個性，每一件都應該有它的特色，以畫題揚名。政府能夠做的事情就是提供良好的環境，使他們不必為生活擔憂，專注於創作。我們應該了解，畫家與音樂家一樣，社會上力爭上游的藝術家很多，但真正成功，留名於後世，甚至創造產值的，幾乎百不得一。所以藝術創作不能視為一種事業，只能視為一種生活素養，要能在專業教育上擴大參與的數量，逐漸選拔可以造就的人才，進入專業的領域。這就是藝術大學設立的理由。

藝術大學一旦設立，表示政府真的有培育藝術家的決心，就不能在經費上太過節省。培育藝術家是非常花錢的，因為真正的培育不能以班級上課修習學分的方式達成，而是以提升個別才能為目標，遇到真正的天才，是應該不惜工本的。當然了，對於畫家，政府也可以完全放任，讓天才自己在艱苦中磨練成材。可是自從政府被認為應有文化政策之後，這種放任型的方式已少見了。

英美使用的方式是獎助式，對已有相當成就的藝術家予以獎勵，或於各地方設獎的方式，鼓勵藝術家創作。所以才有國家藝術基金會之類組織的設置。

可是這些政策只能做到增加藝術品的創作，或提高其水準，並不能使之成為一種有相當產值的產業。把藝術品商業化要經過一定的過程。首先要對作品及藝術家之聲名予以肯定，並廣為傳播。然後有經紀人代為行銷，並投入國際聲望卓著的拍賣會，以提高藝術家及其作品的地位。一旦成功，這位藝術家的舉手投足都成為文創之泉源了。張大千在生前，隨手塗抹或書寫都有收藏者出價，就是最好的典範。等而下之的，作品於身後受到重視，在拍賣場上漸露頭角，所留下的作品產值升高，逐漸成為流傳於藝術市場上的商品。

可惜的是，書畫一經商品化，其文化上的功能即降低。一般大眾對名家的作品不再做性靈上的溝通，而視之為某種有價值的產品。文化的產業化對於國民的精神生活品質是有負面影響的，希望這種產業化的趨勢不會過分誇大，降低藝術對國民文化素養的影響。文創是有其意義的，但切不可成為文化的敵人。

第七章

文創發展的窒礙

分析產業價值鏈

在臺灣，政府提倡文化創意產業已經十幾年了，為什麼沒有進展呢？政府雖然常公布一些產值的數字，看上去好像已有成就，可是明眼人知道，這都是玩數字遊戲，與文創產業的發展實況是不相符的。只要看看文化部轄下的幾個文創園區在做些什麼就可知道個大概了。

我個人的看法是，臺灣的文創一直沒有起色，當然有很多理由，但主要的理由仍然是政府的主管人員對文創這種產業沒有深切的認識。我在這裡只提一點向讀者們請教，說明我下這樣判斷的理由所在。

我在網路上查看文化部的檔案，有些文件說明了政府對推動文創的認識。有些非常單純的觀念，讀來很有道理，卻失掉重點所在，這就會影響政府施政的方向。我所注意到的是一幅圖——「產業價值鏈流程圖」，是說明自創意到產業化的過程。初看上去是很清楚的，共分為四步：第一步當然是「創意素材」，也就是創意的初步成果。在表上舉的一個例子是

「文本」，也就是著作，如小說等。第二步是「加值應用」，是利用原始的創作，改換成更有市值的作品。這是產業化的重要步驟。這本小說原是一個動人的故事，經過改裝，寫成一個劇本，使它具有市場價值，才有進一步的用途。這個劇本的用途已不再只是供人閱讀了，所以原表下面的注解是「表演」。這說明更有價值的產品改變了用途。

到此很容易明白。第三步是「中介媒合」。只是改寫成劇本，並不能立刻被演出；一定要經過一個中介機制，使可以表演的組織接受這個劇本，才能使它實現再生的目標。這個中介機制在原表上也指出是「經紀」。這是非常重要的一步，沒有有力的中介者，事情是不可能發生的。而且在原創故事以新形式再生後是否成功，得到社會大眾支持，還要看中介者媒合的對象是否適當。這如同介紹婚姻，婚後是否幸福，要看介紹的對象是否合適。成功的媒合是要花功夫、動腦筋的。

媒合成功後的最後一步就是「行銷拓展」了，也就是設法擴大其市場，作為現代商業社會的一種商品，如何經營成功是另有一套學問的。行銷應有一定的策略，包括傳播工具的利用方式等，所以原表上的注解是「經營模式」，表示不同的產品可能需要不同的方法。

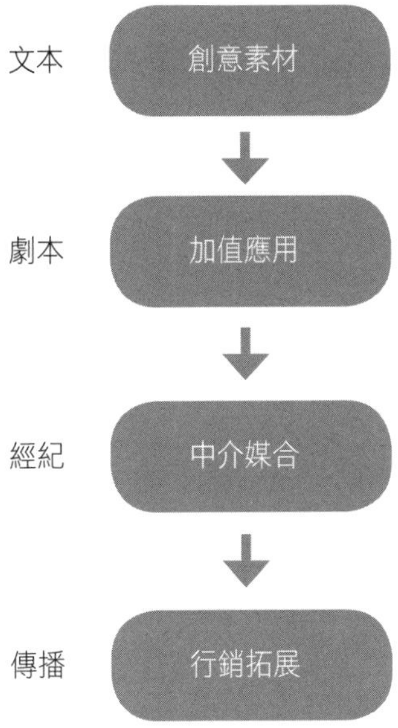

圖四 文化部繪製的產業價值鏈流程圖

但是看來如此理路通順的一個流程圖，為什麼使我感到不通呢？原來是因為這四步驟之間的箭頭有問題。這種表中每個步驟之間的箭頭代表著自動發展的力量。看此表，就覺得只要第一步有很好的收穫，第二步就沒有問題了。依此類推，第三、第四步就會自然發展下去。文創產業的發展是否如此呢？

這是不可能的。以上圖所舉的例子看，一位文學家在努力於小說創作的時候，根本沒有想到有朝一日要被改為劇本。他可能覺得小說的印刷紙本會比戲劇更具備永恆性，更能使他名傳後世。把一本小說變成戲劇或電視劇是可能的，但是它的發展歷程卻不會如此簡單，需要對我們前文所探討的動力等等徹底了解，才能正確地思考創意如何發酵為產業的正確的歷程。

由此可知，一部小說要變成電視劇，其主動權不在文學家，而是製作電視劇的機構，特別是負責尋覓劇本者的任務。所以文化創意產業的動力是由產業所啟動的，中介者才是發動產業化的主導者。自此開始，自產業化到商品化的過程是製作單位的經營能力問題。說到這裡，讓我們回想一下純產業的產業鏈，以便更清楚地了解文創的問題所在。以下面的圖五說明之。

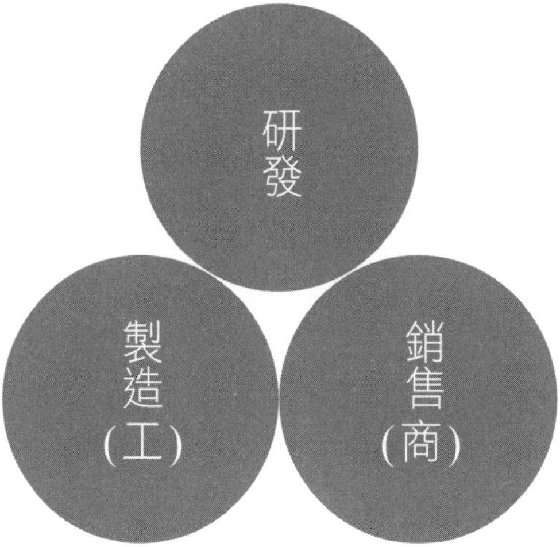

圖五 健全產業的三大支柱

一個健全的產業要由三部分密切結合而成。表面上看起來，似乎只是一個大工廠，其實那只是製作產品的部分，因其機器設備而有宏大的規模，它所製作的東西則是根據研發的成果而來。研發就是創新；研發者一方面要掌握大眾的需要，另一方面要注意製作時的合理性與經濟性，所以研發之創意必須同時落實在工業製造能力與商業銷售潛力的基礎上。

一個非常健全的企業，通常擁有這三大支柱，才可以保證昌盛與成功。如果企業主不能同時擁有三者，至少也要與研發和銷售分析機構有密切的合作關係，幾乎可視為一體。

這樣的企業，是與創意結合在一起的。在當代科技中所謂知識型產業就屬於這一類。有些是先有發想才有製造部門，特別是在高科技產業中甚為普遍；有時候一個被評估有價值的創意在取得專利後，就可以出售給已有製造設備的大公司，大公司通常會主動收購這類創意。

圖五這樣的完美的結合在科技界很常見，但是在文化創意產業中是很稀有的，僅有的那麼一、二家就被大家一再提出，作為示範，但要複製這

種理想的情況，幾乎是完全不可能的。文化性的創意多半來自藝術家，他們在心理上與企業家截然不同，從創意到產業，必須跨越一道「生活化」的鴻溝，這就是為什麼琉璃工房與琉園、法蘭瓷被一再引為範例，卻無法複製的原因。

法蘭瓷與琉璃藝術之所以成功，是因為那幾位創業者沒有依賴一般的瓷器與玻璃製造商。他們自身一方面是瓷藝與琉璃藝術的創造者，一方面親身學習製造方法，使研製合一，這是很難的，卻是成功的契機。至於銷售，應該是人性的動機，在研發時就考慮到了。換句話說，他們的產業的發展程序，是始於人性的要求。他們感覺到現代社會的中產階級對於生活用品有新、奇、美的要求，才開始他們的創意發想。以法藍瓷為例：因為創意人體會到現代人的愛好，想到中國傳統瓷器的成就及在國際上的聲名，就打算把已經沉寂了兩個世紀的傳統，重新注入生命。他們把彩瓷表面的花鳥裝飾予以立體化，也就是把繪畫變成雕刻。想想看，在器物的表面，有花朵盛開，小鳥展翼，是什麼景象？這就是法蘭瓷成功的創意。

可是如果只有創意，沒有生產的機制，還是只能望梅止渴。他們的創發者跑去學習陶瓷燒製技術，因為燒製陶瓷並不是很困難的，只要糾集幾位同志就可以成事了。拿這個構想找到工藝學校的學生去實踐，也是相當容易的。他們不需要去找到專製陶瓷的大型工廠要求合作，因為這是小規模的手工藝。

一般的創意產業就沒有這麼方便了。

創意與商業投資的關係

若以大家認為最成功的故宮賣店為例，大多是用國際知名的館藏文物做成複製品或衍生商品，大量販售。文物收藏單位只有故宮可以賺錢，為什麼？是因為只有故宮擁有這樣高知名度的作品，可見知名度正是這一類文化產業成功的必要條件。

讓我們回頭來看圖五的三個圓。居然可以看到這一條件的位置。當然是在「研發」的範圍內，是把「利用著名古物」當成創意。這個創意未免太簡單了，但是目前大家心目中的文創產業大都屬於此類，就是在已有名氣的文化與藝術產品中尋找商業價值。找到了有市場價值的東西，進一步掌握其著作權，再設法找到可以生產的方法，進到銷售市場之中。如果把它畫成另一幅關係圖，如圖六，就變成四個圓圈。這是把商業的圓圈分為兩個，市場價值的判斷是最重要的，是整個作業的開端，有了判斷的眼光，就可選出可以有商業價值的作品，並取得著作權。這是有決定性的一步，成敗在此一舉，知名度是選擇的主要準則。第三步是製造與設計。有了作品，還必須使用市場價值的判斷力來找到適當的新形式。有些原樣複製就可以了，有些必須改造其外形，或附著在新形式之上。剩下來就是送到賣店，並加以宣傳了。如果選的都是高知名度的作品，每一步驟都是單純而簡易的。

這樣的所謂「文創」產品，實在沒有多少創意在其中，只能稱為「文化產品」。創意只存在於尋找藝術品的過程中，實在稱不上什麼創意，只是應大眾之要求而已。自此看，故宮的所謂文創產業，雖然還算成功，但稱不上真正的文創。

那麼，創意從哪裡來，怎樣才算創意呢?下面我試畫另一圖來嘗試說明在整個文化產業的過程中需要創意的地方，請參閱圖七。

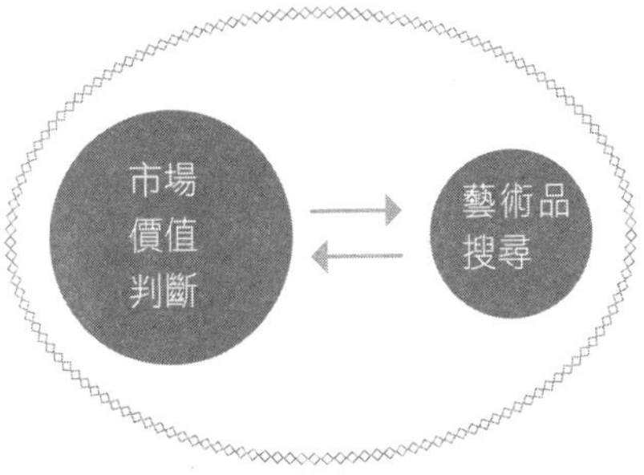

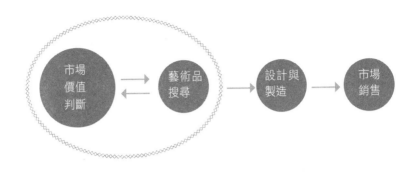

圖六 創意與商業投資的初級關聯

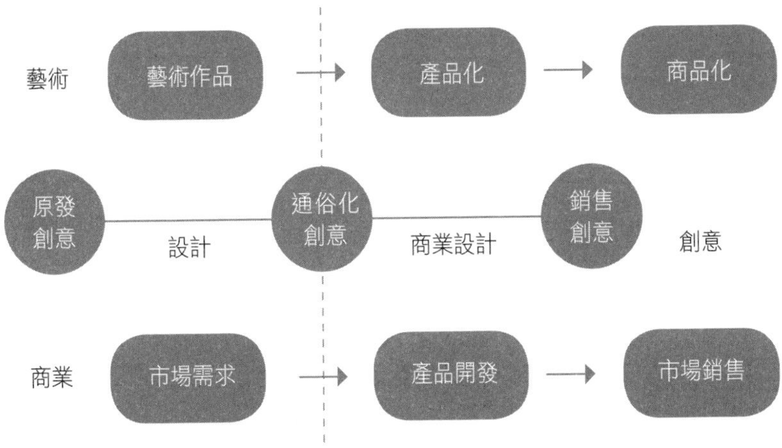

圖七 創意與商業投資的進階關聯

為了說明真實情況，我把文化與產業分為兩個單元來處理。一個是商業：我稱它為商業，是因為文化產業化的動機是賺錢，只有坦白地承認這一點，才能找出問題之所在。一個是藝術：文化這個名詞包容太廣了，為了經濟的目的而改變的文化，必然包括建築。抽象的文化或許也可以產業化，但是實在太難以描述了，在此略過，等候高明人士來補充。

上面一行的產業化過程是自藝術開始，第一步就是藝術作品，下一步是將藝術作品予以產品化，也就是用機器來大量生產。再下一步是把這些產品加以包裝，搭配廣告宣傳，成為商品，所以稱為商品化。商品化這一步如果做得非常成功，就可推向國際市場，與外國的產品競爭。

下面這一行是說明商業在此過程中所擔當的角色。在這裡我要說明，商業才是整個過程的原動力。產業的第一步是先體察市場需求，確認市場上有此需求，才找到生產的方法並投下資金，進行實質的生產。有了產品，下一步就是市場銷售，當然要使用一切推廣與銷售的技術。

這張表要說明的是，創意發生在兩行相交的各步驟間，也就是如何結合原作與商品的動作上。在圖七，創意是兩者之間的交合點。第一次創意，是藝術家的發想，是作品的來源。我稱為「原發創意」，是與商業無關的。但是我也承認，對於一切熱心於文化產業的朋友，這也可能是創意的第一步，主張文化產業化從根作起的人，可能主張一切文化、藝術活動必須從一開始就把商業放在心裡。這確實是見仁見智的，這要看我們在心態上是主張文化立國還是產業立國。正常的情形是藝術家為藝術而創作，即使有社會在心中，也是為大眾而創作；這已經有些偏離了。如果一切經濟至上，那麼就是藝術家為經濟而創作了。這樣會產生怎樣的作品呢？有一點可以肯定的，以經濟為心的藝術家，恐怕不容易產生在日後有國際聲望的藝術品。長遠的說，其作品的產品價值還是有限的。

其實所謂「創意產業」的發端是在圖七的第二步，就是媒合作品與市場需求的那一步，也就是促成作品產品化的那一步。看這裡可以知道，創意產業指的不應該是原創藝術，是指作品的產業化。在這裡，兩者間的磨合是必要的，而且是成敗的關鍵。為什麼大多數媒合的嘗試會失敗呢？就是因為這一步難以跨越的緣故。

這一步包括的工作項目頗多：

一是藝術作品生活化的創意（尋找新用途）

二是作品形式轉變的創意（適應新用途）

三是生產方式的創意（如何經濟的生產）

以上是設計師的工作，屬於創意的範疇。但是自產業的觀點看，把文化成品變為大眾之物，必然要生產，而生產必須投資，一個成功的產業人必然要自始即考慮此一投資的效益。這是很難突破的一關，因為投資人都是很謹慎的，他們既然以盈利為目的，當然只喜歡成功，其主持人大多都是極為小心謹慎的。也正因為如此，他們是否介意其文化價值，為文化而投資，是值得懷疑的。老實說，文創產業大部分的窒礙是在這一步上。創意產業所需最大的功力也在這一步。我們所熟知的產品設計就屬於此一階段。事實上，一般的文創產業可以自此開始，未必需要前面的藝術與文化部分。

通俗化創意與銷售創意：通往成功的關鍵

在圖七中我畫了一條垂直的切割線，說明現在流行的文創產業與過去的設計產業的分野。在過去，設計，包括建築，早已是創意產業的主力，現代生活方式是他們所創造的，生活中的一切幾乎都屬於設計行業的範疇，但沒有人認為它們屬於文化產業。這條垂直線的右側是產品設計，其動力來自於市場需求。由於設計本身是應用藝術，重點在功能與美感的結合，所以這時候的主要努力方向在於「提升美感」，美感因此成為這階段的創意所追求之原則。可是設計必然要有企業為後盾，依靠企業主的賞識，也就是市場判斷力與美感接納的水準，決定是否投入資金。

在垂直切割線的左側，是指一般所謂的純藝術。在過去，這一部分是不談產業的，自從西方有所謂文化經濟以來，這部分反而成為討論的焦點了。在西方人心目中，文化經濟是指藝術的直接市場關係，未經改變形式的。可是在文化界的心目中，這是一個難以捉摸的變數。要直接擴大藝術市場，除了依賴藝術家的天才之外，還要許多其他條件，並不是很容易控制的。自文創產業的觀點，當然是指純藝術品的市場價值不斷上升，不必經過產品化的過程。這一部分已經有很多討論，但政府所能做的，只有以補助的方式鼓勵藝術家去創作，坐著等其作品市場價值發酵。

今天我們已經知道文創產業不能靠純藝術的發展，必須從圖七的全面，嘗試自文化中抽取有市場價值的因素，加以創意的改造。純藝術除了出售作品之外，還可以經由文化機構向大眾公開，美術館、博物館與劇場之經營因此也成為文創產業。老實說，這部分的效能在產業上看還是很有限的，甚至可以完全忽略。

回到正題，文化產業在垂直線上的創意過程是具有關鍵性的，因為這是把藝術正宗的創意轉化為通俗藝術的階段。也就是說，要在產業上成功，先要在藝術表現上通俗化、大眾化。高明的創意人會以雅俗共賞、融入生活作為再創作的原則，設計類同樣是採取此原則。傳統的文化產業就是藝術通俗化，通俗化最好的例子當然是大眾音樂。事實上今天的通俗音樂已經不必依賴古典音樂的靈感了，與設計一樣是獨創的新形式，是完全符合表上的發展階段的。

可是，要想把我們的通俗音樂推廣到全世界，為我們賺取大量的外匯，還是有困難的。在圖七中，產品化之後的創意需求是商業設計，也就是進入市場中競爭時的包裝。設計界常在這一步驟遇到困難，但是對通俗音樂則問題不大，因為俊男美女就是輕便的包裝。

我們的音樂或電影、為什麼感到難以國際化呢？

那是因為「通俗化創意」是指全球的普及化，也就是在創意中要掌握全人類共通的感覺。同時，包裝設計，也就是其視覺外觀也要有國際性，才能成為國際上知名的品牌，這常常是臺灣文創產業的障礙。要發展文創產業，先要有野心，此產業能不能走出國界，完全是由企圖心推動的。臺灣的問題是缺少企圖心，因此缺少能突破國界的創意，想要建立國際品牌自然困難重重。

綜上所述，可知圖七裡的垂直線與中央的水平線相交處的「創意」結，是窒礙最多的部分。其窒礙之處大體可以簡化如下：

一、原發創意不足，故少有足以產品化的作品出現。

二、產業化的創意，其大眾化不足，缺乏市場需求，無法爆發產業化的力量。

三、市場需求的動力不足，大眾與企業界對文化與藝術的需求缺乏胃納。

四、在商品化步驟中，設計創意的能力不足，很難借用媒體的推動力量。

第八章 文化產業化與產業文化化

前幾年，文化產業開始紅火的時候，廣告詞是兩句話：「文化產業化，產業文化化。」前面已經提過，產業文化化看上去是文化人的夢想，意指我們的努力不只是為賺錢，也包括一切產業之品味的提升。但是在實際推動上，這是兩條不同的道路，後者所指的實際上是文創法上的定義，是全民文化素養的提升。因為只有如此，才有可能使一切產品都有文化氣質。

產業文化化所涉及的領域是非常廣泛的。一個產業要製造產品供應廣大的市場，它面對的是整個社會。如果加以分析，可以知道其牽連之廣，政府要用以提升文化素養是很不容易的。

產業文化化

（一）第一個層面是消費群

任何產品要想銷售成功，必須心中有消費者；換句話說，要配合消費者的品味。在上個世紀中葉，大量生產開始普遍化，就出現了一種產品必須供應各種階層消費者的問題。那時候的社會品味階層尚未完全消失，製造商為了達到銷售的目的，於是把同類產品的外表加以分化，使它們看上去很像不同的產品，供應不同品味的消費者選購。大家都知道，有錢人不會買不太順眼的便宜貨，正因為如此，他們很容易受騙。同樣一件貨品，在外表上看來有高貴的氣質，價格會高過很多，甚至數倍於外表看上去屬於勞動大眾的貨品。事實上，有錢人並不一定是受騙，而是甘願受騙。因為他們無論如何不會買外觀通俗的貨品。所以美感是可以換錢的，這一點在文化產業的觀念尚未流行時，大家已經知道了。

有錢人習慣於高品質的貨品，所謂高品質，大體上是指產品的功能品質與外觀品質。前面所說的例子是一般產品，更普遍的是高技術產品。以我們所熟習的汽車來說吧，一輛車的價錢自十幾萬到數千萬都有。可是我們知道，真正高貴的汽車，除了代步之外，還是一個高品質的玩物。它的速度特別快，可以滿足主人生理上的速度快感。它的機件特別靈活，使駕駛者輕鬆的控制車輛的行動，而有自由駕馭的快感。至於車子的造型與色彩所占的比例反而很有限了。

但是「產業文化化」所指的正是非實質的部分。以汽車為例，一般中產階級使用的車輛在功能上是相同的。他們自己開車，在一般公路與市街上來往，並不需要特別的功能，各廠生產的車輛在性能上也沒有什麼差別，但不同廠牌的產品常有數倍的差價。這個差價就是「文化化」造成的結果。這其中仍然包括了兩部分，一是上文中所提到的外型的品味差別，一是大家所熟知的品牌效應。

我們將在後文中更深入地討論品牌的力量。在這裡，我們只簡單的說明這是現代工業產品品質保證的符號，經由長期的品質可靠度而建立起來的聲譽。因此它是心理價值，是很難以取代的。我們俗話說的「老牌子」，是不必懷疑其品質的意思。對於一般大眾來說，德國的雙B汽車就是好汽車，是中上層社會所能負擔的，也是一種身分地位的象徵。對於大部分民眾而言，力爭上游也許就是開雙B汽車，提名牌包包吧！這是多大的文化力量！

（二）第二個層面是製作者

想把工業產品的品質提高，要靠製作團隊的文化素養。為什麼德國的工業產品得到全世界的讚譽，一直領先各工業國家呢？大家都承認是德國工業技術人員的高水準。所謂高水準，是從設計部門的工程師，到工廠的管理人員，到實際生產產品的技工，都有超乎一般國家的水準。即使是一個工人，也有相當高的素養。

這是中世紀文化最精彩的一部分。我們中國人看不起勞工，只有讀書不成或沒機會讀書的人，才不得不以勞力混口飯吃。德國在另一個極端，他們中世紀的傳統是重視工藝的。他們的職業與技藝都需經過一再的檢定，才能得到工會的認可，受到社會的尊重。這種自尊心使得技術人員盡心盡力對製造的精緻性下功夫，因此他們的產品，自使用利便的功能到機件的靈活性、耐久性，進而很自然的留意到美感。所以德國貨幾乎都是既好用，又耐久，又悅目，這樣的水準不是一朝一夕可以達成的。

這種高水準的製作者是把產品的品質視為生命的一部分。他們使產品品質反映出生命價值，與基督教的精神聯結在一起，包括在道德層面的忠實不欺、品味層面的賞心悅目。歐洲的工業文明就是建立在這樣的基礎上。在歐洲之外，只有日本的民族性與此相近，所以日本是唯一在十九世紀迅速工業化的東方國家，中國比日本早接受西洋的工業，但先是排拒，不得不接受之後，一直有產品無法達到標準的現象，就是因為從事製作的人員缺乏文化精神上的支持，沒有內在的力量，只是勉強的模仿而已。

（三）產業領導人的重要性

臺灣的中小企業甚多，但除了由外國人主導品牌與設計的代工之外，自己很難開發出有競爭力的東西，其中一個主要因素是企業主沒有大志。他們克勤克儉，辛辛苦苦地創立工廠，不過是為了賺錢養活自己及家族，讓他們過好日子。臺灣的早期發展能夠成功，就是這種打拚的精神，產品對他們而言只是一種賺錢的工具而已，並沒有在精神上與個人生命發生聯結。

由於這些創業者對自己沒有設定高標準，自然就沒有提高品質，與外國產品競爭的鬥志。他們沒有相當的文化素養，就沒有嚴苛的自我要求。對於其產品，自然沒有文化化的期許。

文化產業化

原本被文化界斥罵的文化產業，在臺灣也不把它們視為文化。前文提過，早年的文化指的就是高級文化，通俗文化不被視為文化。但是最早產業化卻是通俗文化，在商業主導一切的時代，通俗文化是不可能被輕視的。我們的政府早期是比照美國的方式來建立組織架構，其中沒有文化單位，因此精緻文化沒人理會，只能勉強把它塞在教育部門，放在社教司裡，可是文化產業卻放在新聞局裡，有專業單位管理、輔導與補助。後來政府成立了文化建設委員會，搞了好多年，其組織規模還比不上新聞局的影視、傳播部門。文化部成立後，將新聞局的這些業務合併進來，就予人以文化新聞化的感覺。

從頭說起，文化產業原本指的就是以大眾傳播媒體為介質的藝術，包括了電子媒體的電影、電視，與印刷媒體的報章雜誌和書籍等。前文說過，這是天然的文化產業，但是政府介入這些產業的原因卻全然是為了政治目的。說穿了，在威權時代，傳播是一種力量，政府一方面基於政治的理由要加以約束，另一方面為了保障大眾的利益，不能不對其內容加以規範。由此可知文化的產業化，由於經過大眾化的過程，代表一種巨大的影響力。即使是民主國家原則上不干預文化，但依然要有類似我們ＮＣＣ一類的組織，予以軟性的約束。

（一）第一步：大眾化

一種文化產品或藝術形式，如果創作時著眼於廣大的群眾，就自然會成為一種生產事業。同樣的，如果想用它來生財，就必須走大眾路線。那麼，走大眾路線有什麼不好呢？我們的作品豈不都希望為更多人欣賞嗎？

關鍵問題在於品味。

藝術家的作品，其自我期許當然是高品味的。高級作品不但為藝評家所推崇，一旦成名，其作品無法大眾化，卻可以留名青史，成為藝術史上的經典，有限的作品則為少數收藏家所寶愛。誰願意做街頭畫家，只能為路上行人畫像呢？可是，追求高品味的作品，就是以小眾為對象的作品，假使不能成功，就不可能被大眾接受，只有成功的作品才有機會在美術館的展示廳與大眾接觸。

可想而知，一個有天才的藝術家必然抱著兩個夢想，一是可以生產高品味的作品，一是可以為大眾所欣賞。可惜兩者是矛盾的。有沒有辦法消除兩者之間的矛盾呢？有。中國自古來就有「雅俗共賞」這句話，也就是在作品之中同時考慮高雅的品味與通俗的趣味。這確實是可能的，中國明代以後的繪畫有相當的成分合乎雅俗共賞的原則，戲劇與小說更是如此。

中國文化的特色之一就是貴族們與民同樂的觀念。

這個觀念到了二十世紀的後半段，就逐漸被西方世界完全接受了。一方面，中產階級大幅度的增加，教育程度提高，整體說來品味提升了不少。雅、俗之間的距離拉近了，因此作品的大眾化成為輕而易舉的事。我們也不妨說，整個社會品味在大眾媒體的推動下，有顯著的扁平化趨勢；也就是說雅俗間的距離大幅度縮短了。

（二）第二步：生活趣味化

大眾化背後的力量是人類尋求生活趣味化的共同需要。當現代文明快速成長時，生產力提高，財富增加。在過去，大多數人類為著物質生活，也就是為著基本的衣食需求，必須花大部分時間去工作，才能換得滿足。在工業發展的初期，工人每天工作超過十五、六個鐘頭是很平常的事。科技的進步逐漸解決這個問題，到了上個世紀，每天工作八小時就可以換得溫飽而有餘了。這個意思是，大家的閒暇時間增加了。八小時睡覺，八小時工作，剩下的八小時可以供我們追求精神生活的滿足。

這是指一般基層民眾。對於中層階級的人，工作時數更少，每年還有很多假日，到二十世紀中葉，每個星期只工作五天慢慢成為國際常規了。這樣以來，看上去都是幸福的人生卻面臨一個意想不到的挑戰，那就是無聊的感覺。上世紀中葉有不少人討論無聊的問題，因為它是幸福的殺手。後面的歲月就是找到使生命重新獲得生機的方法了。

這是一個大問題，是塑造後現代社會樣貌的一種力量。它促使了今天社會多彩多姿的面貌，及各種非理性行為的出現。但是對一般大眾而言，在日常生活中尋求趣味，可以把無聊的感覺打發掉，已經很滿足了。

最後我們可以推想到，以生活趣味為核心的大眾化運動，就是把文化產品趣味化，使它成為大家都很喜愛的東西。但是仍然要保有文化的內涵。這個文化的內涵就是雅，趣味性的感覺就是俗。這樣的結合成為社會大眾的需求，形成了產業化的呼聲。高雅的文化原是很難推廣的，如今可以經由產業化，進到大眾的生活之中，既可以產生經濟價值，又可以教化眾生，何樂而不為？這就是為什麼到了二十一世紀，每個國家都在設法推動文化產業了。

文化產業化的發展步驟

經過前文中的討論，可知現代社會接受文化的產業化是有階段性的，廣義的文化產品有很多類，有些是天生與產業有關的，有些是可以添加產業因素的，也有些很難成為產業，但可以轉變為產品的。大體說來，文化產業的發展就是依這些類別，隨著時代的進步而不斷增加其力量。當其始，文化原是與產業不相干的。

（一）全民娛樂

產業化的第一步是文化與產業不能分割的那一類。在前文中，我們曾一再說明有些文化產品，當其始，就有大眾性的傾向，戲劇就是最好的例子。

表演藝術，顧名思義，就是在大眾面前展現出來的時間藝術。我記得小時候，鄉下沒有戲可看，偶有外來的野臺戲，全村集會一般的去欣賞，男女老幼聚在臺前，顯示出表演的多元性與大眾性。所以電影發明之後，把戲劇以影像的方式保存下來，傳播到各地，無遠弗屆，確實是對文化推廣的偉大貢獻。好萊塢電影雖被視為大眾文化，但同樣對全世界的基層觀眾，擔負了提升文化品味的功能，使他們到達中產階級的水準。

自電影到電視，邁進了一大步。電影使戲劇成為一種賺錢的產業，是通過影片公司與各地的電影院出售的。電影院與傳統的戲院類似，只是少了現場表演的痲煩，減少生產的負擔。對於大眾，電影是便宜的戲劇，也是比戲劇更有吸引力的戲劇。但是觀眾仍然要找出休閒的時間，要排隊買票，按時去看，它可以是生活中的一個節目，但不是生活所必需。邁進電視的時代就完全不同了。

文化界的菁英大多不看電視，因為電視闖進現代人的生活中，就把休閒世界完全改變了。上世紀中，電視的力量開始顯現，有一位麥克魯漢先生寫了一本書，題為《媒體即訊息》（*The Medium is the Massage: An Inventory of Effects*），此書主張媒體的本身就是訊息。這位先生故意把Message寫成Massage，變成媒體就是馬殺雞了。我初時捧讀此書，沒有感覺到其中的深意，文化的觀察者覺察到媒體固然是信息，其實更是一種使你陶醉其中的介體。

電視對一般大眾確是如此。它是振奮劑，也是催眠劑。振奮是指對精神生活的刺激，以對抗無聊；催眠劑是指可以很舒服的進入夢鄉。我到老年以後，電視對我一大功能就是催眠，我躺在沙發上，打開電視，很快就睡著了。

電視是把電影院拉到每人的家中，可以躺在沙發上打發時間。你可以挑選自己喜歡的節目，把家裡當成電影院，按時欣賞。因為電視劇動輒演出半年，它可以使你感到生活非常充實，每天都有期待的節目出現。到了世紀末，電視頻道數目大增，節目的多元性出現，你可以臨時隨意選擇電視臺，像尋寶一樣的找到自己喜愛的節目。這樣以來，家家戶戶都少不了電視，以電視為傳播工具的文化產品就成為最大宗的產業了。

賀伯・馬歇爾・麥克魯漢（Herbert Marshall Mc Luhan,1911~1980）。

（二）青少年娛樂

音樂，特別是流行音樂，常常與通俗表演藝術如舞蹈等形成甚大的產業力量。生產力的來源不是現代科技，而是表演場所。而它的觀眾群是青少年。

青少年是富裕社會的產物。他們或長期留校讀書，或離校後找到輕鬆的工作，閒暇很多，精力旺盛，有亟待發洩之出口。流行音樂等把音樂與色情巧妙的聯結在一起，俊男美女，在美麗的樂音，誘惑的姿態襯托下，很快成為青少年的偶像。這是新時代流行文化的主流。有了這些，要使它成為高生產的事業，所需要的就是一些令人動容的表演場。表演地點的外觀越炫目、越大越好。當然其中一定要設備可供萬人以上觀眾欣賞的音響與銀幕。這是最難分辨文化藝術與商業的大眾活動。造就了很多世界級的偶像。使高級文化的信仰者搖頭嘆息。

（三）進入生活

文化與產業的直接結合，並遍及於生活各方面的是設計產業。設計這一行業是為了美化人生，在過去，是為上流社會的個人所服務的。設計必然與工藝相結合來服務業主，是財富與成就的表現。以服裝來說，設計師原本是以個別業主為對象，設計出獨特的造型，作為其個人標誌，展現個人品味。但是中產階級興起後，這種服務的需求大量增加，設計師才面對大眾，為他們設計出各色各樣的衣著式樣，供他們選擇購買。衣著文化因而自然的進入產業的領域，成為產值的創造者了。

一旦產業化，服飾在商人的手中就不再是生活的必需品，而是每人的社會形象。對於力爭上流的中產階級，衣著就成為最重要的消耗品。商人抓住這一心理弱點，就創造了時尚的觀念，迫使高級形象的追求者，很快的更換衣著，甚至有一套衣服只穿一次的情形。在現代社會，中產之家的衣物是物質浪費的大宗。這正符合了現代經濟需要大量消費的原則。

不但如此，衣著既然是社會地位的象徵，美感已不是追求的目的，衣著的象徵性才更受重視。這種需求產生了品牌的觀念，使品牌的附加價值高過衣物的本值甚多，成為全世界富人的必需品。歐洲著名的品牌，原來的意義本是產品的製作品質的保證，是匠師們精心製作的工藝品，可供應用的藝術品。品牌化以後，工藝的品質不再那麼重要了，外觀的奇特與變化躍居首位。有時候只要掛上牌子，不論什麼東西都可出售高價。原本是高道德水準的產品，現在也到處都有山寨版了。大眾化之後，因為失掉了標準，只有在符號上動腦筋，創造品牌成為產業化工作的第一目標。

設計產業是很廣泛的，衣食住行無所不包。在基本生活需求上提高水準，所以涉及到產業文化化的成分比較多。富裕社會中精神生活的提升，首要的目標是生活的藝術化，設計就是把生活日用品提升到工藝，進而到藝術層次的行業。視覺的美感是基本的要求。因此文化產業就必須與國民美感水準的提升相結合了。

文化產業發展到這一步就已經成熟，進一步的推動鄉土文化的產業化就不會有太多問題了。

綜之，文化產業化是商品社會的自然趨勢。產業文化化是文化品質提升的必要手段，政府推動的文創應該是以後者為主要內容，對於前者，則只能固守其文化品質而已。

第九章
博物館與文創

博物館類型與產業價值的關係

政府的文化官員談文創的時候，最容易找到的題目就是博物館。因為博物館是逃不掉的、傳統的文化設施，沒有一個像樣的國家沒有夠規模的博物館，這樣令人注目的文化標的，政府若有文化政策上的改變，它當然應該是表率了。要怎麼改變，有怎樣的績效，自然就成為文化政策的模範。因此在大力推動文創聲中，博物館就成為眾目之的了。在本章中，我願詳細的分析在文化與文創的夾縫中，博物館所處的地位，並討論如果以文創為政策，要如何來解析博物館的工作方向。

讓我們先自博物館的本質說起。博物館可以大分為兩類，一是歷史文物類，一是科學技術類。兩類中又可以分為若干細目，但凡是博物館都被視為文化的象徵。所以美京華盛頓在首都計畫的時候，就在國家象徵的國會大廈對面的大道兩邊，設立了各種國家博物館的位置。可見博物館作為文化的重鎮是不必懷疑的。

然而我所知道的華府國家博物館群是不收門票的。至少在上世紀的中葉以前，政府對文化設施的看法就是鼓勵民眾前往參觀。文化就是文化，傳播文化是政府的責任，與生意經是風馬牛不相及的。可惜這種情形到了上世紀末就完全改變了。博物館居然也被列入「使用者付費」的範疇內，在原本免費的英、美，用文化換錢開始也被視為當然了。慢慢的，就成為文化產業的一部分。

然而博物館是很多樣的，不能這樣一語帶過。讓我以分類的方法說明博物館與產業間的可能關係。

類別	典藏品	產業動力差異
一、歷史類博物館	歷史相關資料	沒有產業動力
二、文物類博物館	古代精美器物	有產業動力
三、美術博物館	歷代名家作品	有產業動力
四、當代美術館	在世名家作品	沒有產業動力

五、自然史博物館	自然物標本	沒有產業動力
六、科學技術博物館	各式機器與工具	有產業動力
七、科學教育館	科學模型展示	有產業動力
八、科學遊樂場	科學遊戲展示	有產業動力

自這樣簡單的表列中可以分出何者賺錢，何者不易賺錢。老實說，博物館原是公益事業，都不是為錢而設。今天想讓它成為一種產業，只有自其類別中尋找成為產業的可能性。

第一類（歷史類）是沒有產業價值的。歷史資料的收藏與展示只有文獻價值，展示活動也只是讓國民中少數的歷史愛好者產生短暫的興趣。這樣的博物館對國家有紀念性，建設的目的大多是啟發愛國意識。美國的國家歷史博物館就是如此。除了中、小學生外，參觀者極少。

第二類（文物類）是有產業價值者。這種博物館在華盛頓看不到，因為美國是殖民國家。可是在歐洲，各國均有久遠的歷史，足以產生文物。

同時在帝國主義發達的十八、九世紀，各國以武力征服或擊垮東方古老的帝國，因此掌握了相當數量的珍貴文物。當王權國家化以後，這些東西都以博物館的方式向大眾開放。美國此類博物館則為私人收藏之公益化。由於這類古文明的高貴價值，對觀眾有其強大的吸引力，才會產生如同羅浮宮、大英博物館，紐約大都會博物館之世界性聲望。

文物對大眾的吸引力是產業化的原動力。由於這種力量，才可以提高門票，並進行大規模的推銷活動，以增加大量國內、外遊客。再在遊客身上算計利益，如出售紀念品、提供咖啡等餐飲服務等。這樣的產業化，如同故宮博物院在努力以赴的，是正宗的文化產業。但算不算「文創」呢？讓我們在後文中討論。

第三類（美術）同樣是有產業價值的。因為古代傳下來的藝術品在藝術史上有相當的價值，早已通過中學教科書傳播得人人皆知。早年如達文西的畫、米開朗基羅的雕刻，近如梵谷的畫，其普及性早已超過了古代文物。凡是擁有類似作品的美術館，永遠是人擠人的排隊賣票。有時候，只要〈蒙娜麗莎〉一張畫所引起的轟動，可以超過一座普通美術館的全部。擁有如此名作的美術館很容易利用現在的觀光熱潮，推動產業化，為博物館創造產值。這一類在產業化方面與第二類比較近似。除了提升參訪人數，提高門票之外，同樣可藉紀念品等服務設施提高收入。這是上世紀的歐美國家都熟悉的手法了。

第四類（當代美術）並不具有產業價值。當代藝術就是尚未成熟，或尚未為文化界肯定的作品，其大眾吸引力是非常有限的。特別是當代藝術求新求變，其作品並不為觀眾所習見，對藝術愛好者是有排斥力的。所以當代藝術館的設立通常有協助藝術發展的用意，其中並沒有賺錢的想法。支持者若不是政府，就是有鼓勵新藝術心思的企業家。

上世紀中葉後，有些年輕藝術家，為了引起社會注意，拋棄過往一切藝術的表現方式，以驚世駭俗的新創手法呈現自己的作品。甚至有使用脫光的人體為表現工具的「藝術」。可是這類作品雖代代都有新作，除了少數藝評家外，大眾的反應是極冷淡的。他們抱著看熱鬧的心情去看當代藝術，即使是極成功的作品，觀眾也看不出什麼值得欣賞的價值。

對美術館而言，當代藝術是沒有產值的。但是他們心中所期待的是市場價值。聰明的藝術家知道，不論出什麼花樣，只是在自我宣傳而已，他們一定要留下具體可收藏的東西，繪畫或雕刻，以便在宣傳達到目的，終於為拍賣市場接受後，可以賺大筆錢，成為重要的當代畫家。世上最神奇的產業就是當代藝術作品。誰想得到一張漫畫瑪利蓮夢露，經放大後會價值連城呢？但這是另一個課題，我們在此不討論了。

至於科學博物館又如何呢？

第五類（自然史）一般說來，是沒有產業價值的。自然史的研究，始自達爾文，是西方科學的根基，所以自然史博物館在各類館中具有領導地位。它是以研究、學習為主要目標的機構，對國家具有紀念性。所以歐美自然史館的建築都有宮殿的架勢。

十九世紀末，自然史館開始有了大眾吸引力，是因為恐龍標本的發現。這種古生物體大凶猛，有很多類別，經過研究分類後，這些大骨架一時成為市民們所急欲一睹的怪物。因此凡是有恐龍收藏的博物館，觀眾人數大增。使得沒有這類標本的自然史館也弄些複製品來裝點門面，因為觀眾是分不出真假的。到了二十世紀中葉，科學家開始推斷活恐龍的狀態與動作，並製作出機械恐龍，自然史館的吸引力才下降。有些博物館因為急於吸引觀眾，就把未經科學證實的機械恐龍搬進展示廳。由之，自然史館也有了足以產業化的動力。

第六類（科學技術）應該有相當的產業價值。這種博物館是自德國慕尼黑科技館發源的。收藏與展出的主要是汽車與飛機等標本。科學技術在西方世界改變了人類的生活，主要是發明了各種各樣的機器，幫助我們走出人力世界。但是機器的種類太多了，每一種工業都有自己特有的機器，而且這些機器在時代快速變遷下，會因進步而被改變，所以自博物館收藏的觀點看，是不可能的。所以一般機器的進步只記錄在書冊中。可是使用在生活中的機器就不同了。這些機器的改變幾乎是我們往日生活記憶的一部分。舉例說，我們自幼時即知道有照相機，過去幾十年來，照相機已進步了很多，改變了多次，可是已落伍的東西仍然使我們感到興趣。這是回憶的感情價值。

最使西方人感興趣的是汽車，自福特發明汽車以來，汽車的用途未變，但形狀變了多次，使自幼即熟悉的人們感到莫大的興趣。我們不妨說，科技館的展示如同文物館，其收藏是有吸引力的。所以美國的芝加哥科技館是美國觀眾最多的博物館之一。

在科技世界中常有未來趣味的博物館展出，特別有吸引力。美國的航空、太空博物館因此成為全美觀眾最多的博物館，多年前就有千萬人。航空是生活中的一部分，是回顧過去萊特兄弟以來的發展。太空則是未來生活的期待。美國科學家們如何把人類送上太空?未來的人類將如何往來於宇宙空間，實在是大家都很想了解的故事。

第七類（科學教育）本身就是產業型博物館，只是其目的在大眾教育，並非圖利而已。

科教館的另一個稱呼是科學中心，是自巴黎開始的。它的設置目的是促進科學知識的普及化，今天稱為科普。它使用的方法有些近似遊戲，使觀眾在遊戲中學習到科學的知識。用另一個說法，是把科學的教室中的教具高度趣味化，使它對學生產生吸引力，不上課也會來參與科教的活動。這種吸引力不只是對在校的學生，對他們的父母照樣具有吸引力，才能達到科普的目的。

這是標準的「文創」產業。科學本身是沒有大眾吸引力的。教育學者利用高度的創意，把科學的道理變成有趣的故事或玩具，並因而可以成為一種吸引力，就是成功的文創。在二十世紀中葉以後，世上開始有這種的發明，如舊金山的「探索館」就是成功的典範。只在那個時代並沒有賺錢的觀念，所以沒有文化產業或文創的名詞而已。

臺灣在八〇年代始建的自然科學博物館，如何吸引大量的遊客，至今仍不衰呢？因為在當時的局面下，籌備者知道只建一座自然史館，經費有限卻很難對社會引起正面反應，因此採用了科學中心的觀念，在籌劃自然史館之上，面對觀眾。在當時，展示設計所利用的創意是世上科學博物館最豐富的，因此為世界所樂聞。可惜近年來，大家已逐漸把這一精神淡忘了。

第八類（科學遊樂）為標準的文化產業。

在上世紀末，科學館對展示大眾化的努力，使產業界人士產生了興趣。他們看得出來，自不賺錢的科學館到可以賺錢的遊樂場之間只有一步之遙。因此一度出現了很多兒童遊樂場。「小人國」就是其中的一類。如果能利用高明的創意把科學的實驗做成真正的遊戲，讓孩子們可以滿意的度過假日，應該就是很有價值的文創了。

科教類型是文創產業的重點

經過上文的解析之後，讓我們來看看各類博物館與文創的關係。為了容易明白，讓我再說一遍文創與文化產業的分別。文化產業就是把文化產品改變為可以賺錢的事業。這時候創意是想點子，把不賺錢的變為有利可圖，大體說來，文化產業的傾向是把高級的精神產品發展為大眾樂於接受的、較低層次的精神產品。所謂文創，同樣是文化產業，卻是把產品通過高明的創意，提升其精神價值，同時使它具有大眾性，並可產生正面的社會意義。

自這樣的了解，觀察以上的八類博物館，可以先分出有五種是有產業動力的，有三種沒有產業動力。而在五種有動力的博物館內，其動力尚有所不同。如依我們所分辨的文化產業與文創的差別，可臚列如下：

文物類博物館產業化

美術館博物館產業化

科技類博物館產業化

科教類博物館文創化

科學遊樂園文創化

自此表看來，可以促成文化產業化的五種博物館，只有科教類的兩類可以稱得上文創。也就是說，正式的大型博物館雖然可以依靠有名的收藏品推動產業化，得到相當的成效，但只是增加大眾的樂趣，使他們慷慨解囊而已，並無助於提高國民的精神生活品質。反而是正宗的博物館不承認的科教類館，由於希望達到教育的目的，乃運用創意，提高其產業價值，同時增加民眾的科學知識。

以故宮博物館為例，他們很成功的吸引大量的遊客，但以「故宮收藏」為名吸引來館的訪客，並沒有認真的吸收古代文物的精華，而是排隊來看形似豬肉、白菜的玉石。然後是購買複製品回家留念。所以自文化產業的角度看是成功的，自文創的角度看，其成就是值得懷疑的。當然了，故宮高價出售數位典藏資料可以說是文創事業，但卻因此把國民原應享受的免費影像使用權剝奪了。反而是犧牲全民教育的功能，換來產業化的成果。

同屬文物類的國立歷史博物館，卻因為收藏名氣不足，又沒有故宮的頭銜，在產業化方面就撐不起來了。照理說，缺少文物的大眾吸引力，可以在真正的創意方面下些功夫，促成創意產業的發展。可是文化界實在弄不清楚文化創意產業的意義，卻走上一條比較簡易而熱鬧的途徑，那就是向世界著名博物館借來著名的文物，辦理特展。這是一種純粹的產業，由企業界出資，博物館出面，借到後經過媒體大幅宣傳，召來大量遊客。由於門票價格甚高，還現場販售出版物與紀念品，投資者可以賺一筆錢，博物館也因訪客人數大量增加而得到讚許。

自借展而特展所得到的成就，逐漸成為世界性的風氣。然而這算得上「文創」嗎？他創造了什麼呢？這樣的產業可以提升國民經濟及精神生活品質嗎？

到故宮參訪的人，有多少認真的欣賞了宋代汝窯的器物？自宋瓷的高雅造型與色澤中學到什麼？對於一般的觀眾，這是非常困難的。但是做為現代的博物館人，就有一種責任，在展示中使觀眾深入地了解珍品的價值所在，從而吸引他們不斷要求看到更多的珍品，並大幅提高他們的審美能力。這才是成功的展示。在展示方法上吸引觀眾，並達到展出的目的，才稱得上所謂「文創」產業。

近年來故宮推動大故宮計劃，卻沒有在創意展示上動腦筋，只是不斷希望開闢「文創園區」，看其內容，只是擴大型的文物商店而已。這都是文化產業，以賺錢為目標的，向下發展的產業化。

話說回頭，我要說明的要點是，一般人所了解的博物館，其產業化的歷程只是商業化而已。如果以文化創意產業的精神來看，都是不及格的。所以國內以博物館紀念品之生產為文創的大有人在，而在我看來，博物館要談文創，應該在更高層次的展示的層面，以提高觀眾吸收文化的能力，進而更喜歡訪問博物館，這才是真正的文創。

在非科學類型的博物館中，一開始即希望以創意去達成「展示產業化」的博物館，最好的例子是世界宗教博物館。它的產業是什麼？是世界重要的宗教而已！要用什麼方式把宗教推出去呢？靈鷲山的住持決定採取科博館的方式，用創意的設計來感動訪客。他們的設計師以全新的觀點來指出宗教的共通價值，用光線與空間來作為感動的力量，在宗教的信仰之外，更可以收提升文化水準的成效。

我擔任館長後，覺得太過抽象的展示方式達不到傳達共通價值的目的，就在最重要的位置設置各宗教代表性建築的模型，以加深訪客的印象。圖八這個展示，因模型製作非常逼真，而達到博物館文物的效果，因而使極難被觀眾接受的宗教價值，得到較多的讚許。整體說來，宗博的文創在方向上是正確的，只是因為高級的宗教在國人的心目中吸引力不高。如果展出以抽籤問卜、解除生活困窘為主要目的的民間宗教，其產業化的力量將會相當強烈，談文創就是另一個故事了。

總之，談博物館的文創，必須從專業的核心，展示與教育的部分，用創意來擴大其吸引力，才是正途。如果做不到這一點，而只在商業化上動腦筋，那就不能再以其文化任務視之了。

圖八 世界宗教博物館裡的宗教建築模型（世界宗教博物館提供）

第十章
文創的核心

真正的文創，依照文創法的定義，是在產業上加創意，以提升國民文化素養為目標。讀者們一定要記住這個定義，否則找不到真正的文創產業。

按照這樣的定義，一般的文化產業如電影、電視，大多只是娛樂性產業，與文化素養無關，所以只能算是文創的邊緣。文創的核心應該立在兩個支柱上：一個支柱是產業，是經濟的力量；一個支柱是創意，是文化的力量。所以文創產業是既文化又產業的。

在文化產業中增加「創意」這樣的字眼，使得這整個產業鏈的核心中以創意為力量向外開展。因此，不論是否同意，文創產業的核心就是設計。

設計與創意之間

現代世界有一種行業是古代所沒有的，就是設計。古代的創意是兩種人掌握的，其一是聖人，也就是領導大家改變生產與生活方式的人。那時候，大眾是依循傳統方式生活下去的，一般人只能跟隨，不能改變，所以千百年都不改變。只有聖人出，以其智慧登高一呼，社會才會改變。其二是匠師，也就是在生活的層面，以技術製作日用或祭典用的器具。他們在工作過程中，一方面依照師承的做法，同時體驗出需要改進的地方，在技巧上有所精進。這樣的細緻的改變，經過幾個世紀，也會累積為相當的進步，甚至影響生活方式。所以古代因著時代，同樣會有變遷，看上去似乎是創意的結果。

自從上世紀早期，設計的觀念產生之後，生活中應用的藝術起了很大的改變，西方社會出現了一個新的行業，專門在與生活最接近的層面，找出不滿意的，或與時代需求不合的地方，予以修改。這個工作涉及到兩部分，第一，是功能的思考。由於新技術的出現，人類生活方式在衣食住行育樂各方面都有了改變，必須創造一些新器物來適應新時代。在這裡，設計師必須超過匠師的地位，以知識分子的身分去了解新生活的需要，並以工程人員的地位去實際上解決新產品的技術問題。

第二，是新形式的要求。自古以來生活工藝都有形式美與地位象徵的問題。到了現代設計師的手上，則必須考慮到現代市場所需要的形式價值，也就是美感。所以在上世紀初，歐洲先進國家進行了形式美學的論戰，並逐漸在工藝設計的學院中建立起新美學，傳承到下一代。如果狹義的看文化，新形式的美感就代表了新時代的視覺文化。包浩斯就是在這種時代潮流中，帶領西方文明建立起西方以機械工業為基礎的現代主義的文化精神。

如果我們把機械時代的工業產品視為產業，哪麼包浩斯所領導的設計觀念中的藝術觀就是文化。在那個時代，機械工業已經成熟，包浩斯與法國「新藝術」的運動都是要把機械的純功能的產品予以文化的洗禮，也就是要把產業文化化。如同我們一再提到的，這個步驟志在文化產品，是今天臺灣的文創觀念是相符合的。所以我們幾乎可以說，設計業是最切合文創定義的行業。

自此著眼，所謂創意，最妥貼的解釋就是設計。對於一般大眾而言，設計就是出花樣，有利於推銷產品，當然應該是出賣創意的產業。然而設計真的擔當起「文創」的核心嗎？下文我們將予以分析。

首先讓我們看看《文化創意產業發展法》中的產業項目。我國的法律所列項目與英國幾乎是一致的，只是增加了三項。其中屬於傳統藝術者兩項，為視覺藝術與音樂及表演藝術。屬於大眾藝術，也就是正宗文化產業者共五項，如電影、廣播與電視、出版等三項，與高科技時代的數位內容、流行音樂及文化內容等兩項。其餘的八項幾乎全與設計有關。想想看，法律中列出來的竟有一半以上屬於設計業的範疇，能不使我們認定設計的核心性嗎？

在這八項設計類產業中，直接以設計為名的共三項，那是建築設計、時尚設計、產品設計；間接以設計為名的共三項，那是廣告、視覺傳達、創意生活；無設計之名實為設計的共二項，那是工藝產業與文化資產應用與展演設施。「工藝」指的是手工藝，在歐洲，設計產業都是來自工藝的革新運動。英國的摩里斯就是自中世紀的工藝復興中，為世界開闢了設計的新途徑。今天再談工藝，不過是以傳統手工藝技術為基礎的設計而已。至於文化資產應用是指傳統技藝的復興，或古建築修復後的再利用，都是設計作業的一部分。展演設施是什麼呢？是展演使用的建築與設備，大家都知道，這是建築設計師的工作，美術館與音樂廳不是建築是什麼呢？

實際上，創意產業的基本動力就是設計。凡是掌握這種精神的國家，如英國，創意產業就會大幅成長。如果一切不願認可設計的創發力，如其他歐洲國家，大多仍依賴傳統的文化產業，如電影、電視。怎麼才是重視設計的力量呢？可以舉建築為例子。

以建築為例

建築原是一種傳統的工藝，由匠師來主導。世代相傳數百年相差不遠，所以古蹟的年代不易辨別。新建的老式建築也古味盎然，可以視為古藝術的一部分。到了近代，建築漸發展為視覺藝術的一支，建築師不再是匠師，而是藝術家，建築雖然仍受時代的影響，但每棟建築都是建築師的創造物。比如在文藝復興時期，米開朗基羅設計聖彼得大教堂，在造型上是以大圓頂建在一個龐大的柱林與拱頂之上。這是他的創造，但也是受那個時代佛羅倫斯大教堂的影響。自此之後，西方世界的重要建築都採取這種基本形式，英、法、乃至美國各州議會與國會大廈，都是如此。建築師是把這種基本形式，以他個人的品味，塑造成比例優美，合乎用途、大小適當的建築而已。到了這個階段，建築家是有品味、有頭腦的工程師，並沒有發揮原創力的機會。

這種情形一直延續到十九世紀末的學院派建築。臺灣的古建築，除了清代留下來的之外，就是日治時代建造的西式建築。今天我們要保存的古蹟，在百年之內的，大多是假日本人之手建造的學院派建築，是屬於品味加上知識的時代，建築家都是在法國學院中訓練出來的，為貴族服務。

人類史上第一次看到建築創意的出現，是二十世紀初，結合了新材料、新技術、新功能所產生的新建築。那時候為什麼產生了後來大家崇拜的四大師呢？因為新時代的條件不再適合老式建築，所以建築界有少數先知先覺者，開始有革命的觀念，漸漸以創新的精神來思考建築的存在，尋找建築的新面貌。這四位大師是這一革命思潮的共同結論，是時代各種條件綜合出來的結果。他們的形式理論幾乎都是前所未有的，因此感動了年輕一代的建築工作者。

可是現代主義的建築形式，是由思想產生的，雖說來自創意，但其目的並不是創意。這一點應特別注意。要知道，現代的大師沒有發揮個人創意的意思，而是為新時代找到適當的語言，使大家可以心平氣和地接受。他們的創意是要解決時代變革的問題。所以表現出來的創意就是今天所說的設計。其結果就是用一種新的形式語言代替過去的形式語言，建築界稱它為風格（Style）或樣式。所以現代建築雖落實在理性之上，到了二十世紀的中葉，新形式也很自然的樣式化了。現代主義的建築師很快就陷身於新樣式之中，只能在細節上出些花樣，以建立自己的標籤。所以到了六〇年代，就有現代後期（post-modern）的形式出現，利用創意結合現代之前的建築語彙。一時之間改變了「現代」，把「創意」提高了一級，設計正式脫離了樣式的抄襲，開始從創意中找自己了。

到了八〇年代，建築界在文化產業龍頭的南加州出了一個人物，名為蓋瑞（Frank Owen Gehry），開始把建築前輩的那些原理原則全丟在一邊，卻放任自己的創意，塑造人間不易理解的古怪形式，志在吸引廣大群眾，為建築而陶醉。

自此而後，建築不再只是居住的容器，或地位的象徵，而成為一個大眾喜愛的作品。蓋瑞在西班牙的畢爾包為古根漢所建的美術館，是人類史上第一座文化產業型的大型建築，成功地為一個衰退的城市找回生命力。他在設計這座美術館的時候，沒有把「美術」放在心上，想到的只是一個使大眾瞠目結舌，進而感到興味盎然的外觀。建築應該是這樣的嗎?沒有人想過這個問題，但每年卻有數以百萬計的遊客搭飛機自世界各地來參觀。他們想參觀的不是館裡的美術品，而是這座古怪建築。

若論建築的造價，早已超過了美術館原有的預算。這在過去是不被允許的。因為建築本身是花費，並不是生產。可是在蓋瑞的手裡，預算不再重要了，功能的空間也不再重要了，重要的是能否吸引成千上萬的觀眾來幫助地方的經濟發展。因此重要的建築成為經濟的力量，它動人的力量的來源就是造型與空間。

由此開啟了建築的古怪造型時代。歐洲國家以英國領先，以創意產業為名，鼓勵有膽量的建築師，與號召保存古老風貌的查理王子唱對臺，在倫敦的重要地區建造新花樣的建築，並推銷到海外的開發中國家。最成功的莫過於哈蒂（Dame Zaha Hadid），幾乎成功的為臺中市建了一座美術館。臺中人放棄了，究竟是否拋棄了財富的來源，很難推測，但明顯的是臺中市失掉了走上國際舞臺的一個機會，因為如果這座美術館順利落成，將會是世界上第一座會走動的美術館！相對於大陸，臺中人太保守了，只能請個日本人來建歌劇院。在創意建築的這條路上，日本人也很努力，但不及英國。臺灣哈日，所以用了很多日本的設計，如高雄拖著尾巴的運動場。

可惜的是，臺灣從來沒有肚量鼓勵自己的建築師販賣造型上的創意，趕上創意等於設計的時代。

生活娛樂化

把創意產業稱為文創，多少是有些勉強的。文化在傳統上有高貴的意思，但這樣高貴的意涵在今天已不存在了。在上世紀，我曾為文指出二十一世紀將是美感的世紀。在當時，我把美感視為愉快的感覺，但我確實沒有把美感與文化分開看，因此那句話同時也代表二十一世紀是重視文化的世紀。這話對不對呢？

如果重新說一次，我會避免誤解，把美感改為快樂，把它與文化脫勾，與感官刺激連上更密切的關係。也就是說，在過去，美感既等於文化，又等於愉快，到今天，美感反應已漸漸消失了，剩下來是娛樂的趣味。我們要如何追求娛樂的效果呢？就是參與遊戲的活動。娛樂中要如何滿足呢？就是要滿足感官的刺激。

今天的人們已經無法自美感中得到愉悅了。他們看了俊男美女，有能力為美所感動，但已失掉獲得愉悅的能力。他們所能得到的是性的吸引力，因此才會吸引成千上萬的粉絲。所以俊男美女及表演是今天最大規模的文化產業。在男女之外，還有什麼吸引力呢？在上表中可以看到遊戲成

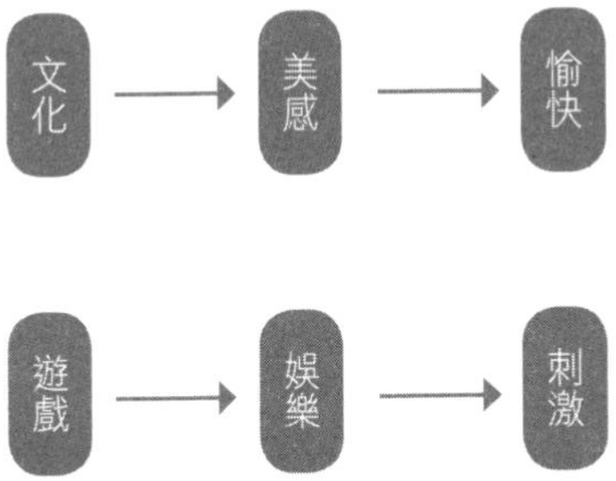

圖九 充滿樂趣的生活可能性

為得到娛樂效果的主要來源。這就是為什麼，近年來的文化產業以數位內容占大宗的緣故。日本與韓國在這方面的成功，使孩子們失掉手機與失掉生命一樣。

所以遊戲性向來是文化產業的核心力量。文化產業化的意思，就是把文化產品加上遊戲性。因遊戲而有趣味，而產生吸引力與商業價值。其實這不是什麼好事，但是我們已經知道，由於經濟的快速發展，我們已沒有為衣食奮鬥的必要，太多的閒暇使我們失掉追求精神品質的需要。大家所需要的是如何麻醉自己以度過漫長的歲月。另一個方式就是使自己興奮起來，感受到生命的價值。所以具有遊戲功能的遊樂設施才會大量產生。

在這個時代，如果能在遊樂中同時吸收因美感產生的愉快，就是高級的活動了。這就是創意之上加文化的意義。這是不是可能呢？

這是第一流的設計師所希望做到的事。在正統的文化產業中，由於趣味性過濃，雖在表現的方式上盡量出之以美感，但觀眾通常是覺察不到的。電影的故事越動人，畫面的設計越不會受到注意，更談不上衷心的欣賞了。所以只有在設計相關的生活產品中才有此可能。實際上，這也是設計界最能兼顧商業行銷與美感品質的原因。

回頭看建築界，除了公共建築以形式創意來取代內容之外，第一流的建築師可以在創新的形式之上考慮美感，但社會大眾對美感已沒有吸納的能力，所以並不在意。其結果：二十一世紀的建築環境已完全失去和諧的美感，處處是驚人的架構與空間。上世紀所重視的都市設計之學慢慢就被遺忘了。這是富裕時代的資本主義與個人主義精神的高度發揮，連有數百年歷史的北京城也逐漸為外國的建築師所破壞了。有趣的是，中國人毫無所覺，只瞪著一個高聳的「大褲衩」傻笑，與我們看到舞臺上無盡的時裝秀在不停變換一樣——這是人間的生活嗎？還是一場遊戲？

工藝產業與設計

在強調地方文化的今天，傳統工藝的復活成為文化創意產業中重要的一環。這種產業其實早在上世紀中葉就開始了。二次大戰後，全世界都在現代化潮流中，落後國家的工藝被視為落後的技術，逐漸被拋棄而遺忘。只有在進步國家中的原住民工藝，才以「原始藝術」的地位被其政府所設法保存。在當時尚無產業化的觀念，只當成古文化予以維護而已。

戰後的聯合國文教組織開始留心原始民族的工藝，但不只是為保存。因為落後國家沒有能力迅速現代化，聯合國在設法幫助他們發展經濟的時候，感覺施不上力，很自然地想到傳統工藝的潛力。聯合國訓練了一批，喜歡工藝又樂於助人的年輕人，到各地去幫忙當地政府利用傳統工藝發展產業，以活化手工藝。因為各民族都有若干工藝是具有普遍美感價值者。到了現代社會，這些技藝都過時了，早年的產品只能收藏在博物館裡，或展出供人參觀，失掉了實用價值。要如何恢復在現實生活中使用呢？

今天看來，這是設計家的工作。上世紀七〇年代，我國經合會中的聯合國專家也請了幾位美國工藝設計師來臺灣幫忙。她們看到山地同胞的織物，原是頭目們穿著的衣物，就利用那些美麗的圖案，簡化為現代生活中可以使用的披巾或方巾，作為生活用品賣到市場去。這樣的產品在本地也許沒有銷路，卻深受外來的觀光客所喜愛。

臺灣經濟快速成長，後來又與聯合國斷絕往來，所以這類作品不久就消失了，只能在新設立的史前文化博物館中看到少數紀念品。但是在發展比較遲緩的東南亞國家，仍然可以看到類似的文創作品。直到近年，由於對本土文化的肯定，本地工藝家才重新想到傳統工藝的產業化潛力，原住民的工藝與閩南漢民的傳統工藝同樣受到重視。只是究竟應該以保存與維護為重，還是以產業化為重，在文化人的心裡尚難有明確的判斷。

由於現代化的腳步邁得太快，臺灣的中產社會已經過著西方人的生活，對於傳統工藝，大多只能視之為生活空間中的裝點。由於臺灣的設計家都受西方式教育，傳統手工藝要想大量產業化，並因此使傳統文化得到廣泛的傳播，恐怕也是不可能的。

而推向未來的力量就是創意。

聯經文庫

文化與文創

2014年10月初版　　定價：新臺幣250元
2020年10初版七刷

著者	漢寶德
叢書編輯	陳逸達
整體設計	蔡南昇
副總編輯	陳逸華
總編輯	涂豐恩
總經理	陳芝宇
社長	羅國俊
發行人	林載爵

出版者	聯經出版事業股份有限公司
地址	新北市汐止區大同路一段369號1樓
叢書主編電話	(02)86925588轉5305
台北聯經書房	台北市新生南路三段94號
電話	(02)23620308
台中分公司	台中市北區崇德路一段198號
暨門市電話	(04)22312023
郵政劃撥帳戶第	0100559-3號
郵撥電話	(02)23620308
印刷者	世和印製企業有限公司
總經銷	聯合發行股份有限公司
發行所	新北市新店區寶橋路235巷6弄6號2F
電話	(02)29178022

行政院新聞局出版事業登記證局版臺業字第0130號

本書如有缺頁，破損，倒裝請寄回台北聯經書房更換。　ISBN 978-957-08-4451-1 (平裝)
聯經網址 http://www.linkingbooks.com.tw
電子信箱 e-mail:linking@udngroup.com

國家圖書館出版品預行編目資料

文化與文創/漢寶德著．初版．新北市．聯經．2014.10
216面．14.8×21公分（聯經文庫）
ISBN 978-957-08-4451-1（平裝）
[2020年10月初版第七刷]

1.文化政策 2.文化產業

541.29 103016144